史料运用与高中历史教学

郑玉香 著

大连出版社
DALIAN PUBLISHING HOUSE

© 郑玉香 2025

图书在版编目（CIP）数据

史料运用与高中历史教学 / 郑玉香著. -- 大连：大连出版社, 2025.6. -- ISBN 978-7-5505-2449-1

Ⅰ. G633.512

中国国家版本馆CIP数据核字第2025MK1353号

出 品 人：王延生
策划编辑：曹红波
责任编辑：曹红波　张海玲
封面设计：刊　易
责任校对：姜国洪
责任印制：刘正兴

出版发行者：大连出版社
　　　地址：大连市西岗区东北路161号
　　　邮编：116016
　　　电话：0411-83620573 / 83620245
　　　传真：0411-83610391
　　　网址：http：// www.dlmpm.com
　　　邮箱：dlcbs@dlmpm.com
印 刷 者：大连天骄彩色印刷有限公司

幅面尺寸：170mm×240mm
印　　张：9.5
字　　数：176千字
出版时间：2025年6月第1版
印刷时间：2025年6月第1次印刷
书　　号：ISBN 978-7-5505-2449-1
定　　价：59.00元

版权所有　侵权必究
如有印装质量问题，请与印厂联系调换。电话：0411-86736292

前　言

在教育不断发展与变革的时代背景下，高中历史教学正面临着前所未有的机遇与挑战。历史学科作为一门承载着记录人类社会发展轨迹、传承文化与塑造价值观重任的学科，其教学方法和教学理念的革新至关重要。《史料运用与高中历史教学》旨在深入探讨史料运用与高中历史教学之间的紧密联系，为历史教育工作者提供具有实践指导意义的参考。

高中历史教学的核心目标，不仅是让学生掌握历史知识，更重要的是培养学生的历史学科核心素养。这包括唯物史观、时空观念、史料实证、历史解释和家国情怀等多方面。而史料作为历史教学的重要参考资料，是实现这些目标的关键桥梁。真实、丰富且多样化的史料，能够将抽象的历史知识具象化，让学生仿佛穿越时空，亲身感受历史的脉搏。通过对史料的分析与解读，学生能够逐步学会从不同角度看待历史事件和历史人物，形成批判性思维和独立判断能力，从而真正理解历史发展的规律。

然而，在当前的高中历史教学实践中，史料的运用仍存在诸多问题。部分教师对史料的理解和运用较为单一，仅仅将史料作为辅助高中历史教学的点缀，未能充分发挥其在培养学生历史学科核心素养方面的作用。在史料的选取上，部分教师缺乏对史料真实性、可靠性和教学适用性的深入考量，导致一些不准确或不适合学生认知发展水平的史料进入课堂，影响教学效果。此外，对于不同类型史料的解析方法以及如何借助现代技术更好地利用史料，许多教师也缺乏系统的认识和实践经验。

基于以上现状，本书从多个维度对史料运用与高中历史教学进行了全面而深入的剖析。在内容架构上，首先阐述了史料的定义与分类、高中历史学科核心素养的内涵，为后续的讨论奠定理论基础。接着，详细探讨了史料选取的原则与方法，强调了史料真实性、可靠性和教学适用性的重要性，同时也关注史料选取的多样性与平衡性，以确保学生能够接触到多元的历史视角。在史料解析方面，本书不仅介绍了史料解析的基本步骤，还针对不同类型的史料提供了具体的解析方法，并探讨了如何借助现代技术提升解析史料的效率和深度。

在高中历史教学设计和教学案例部分，本书通过具体的教学目标制定、设计步骤、整合与创新以及师生互动设计等方面的阐述，为教师提供了将史料有效融入课堂教学的实践指南。同时，本书通过介绍丰富的中国古代史、中国近代史、世界史以及综合实践活动中的史料教学案例，让教师能够更加直观地了解史料在不同教学场景中的应用方式。本书还关注到史料教学对学生能力培养的重要作用，包括提升史料解读能力、培养历史思维能力、引导形成独立判断力以及促进价值观教育等。在高中历史探究式学习和史料的科技化与数字化应用方面，本书也进行了前瞻性的探讨，为教师在新的教学环境下开展高中历史教学提供了新思路。

对于教师自身能力的提升，本书同样给予了高度重视。从提升史料解读能力、增强历史思维培养到加强史料设计能力和发展互动式史料教学技巧，全方位地为教师的专业成长提供支持。最后，本书展望史料教学的发展方向，分析当前困境与改进方向，探讨改革趋势以及全球化视野下的史料教学，为高中历史教学提供参考。

希望本书能够成为高中历史教师在教学实践中的得力助手，帮助教师更好地理解和运用史料，提升历史教学质量，培养出具有深厚历史素养和创新思维的新时代人才。同时，也期待本书能够引发更多关于史料运用与高中历史教学的深入探讨和研究，共同推动历史教育事业的蓬勃发展。

目 录

- 第一章 史料与高中历史学科核心素养 1
  - 第一节 史料的定义与分类 1
  - 第二节 高中历史学科核心素养的内涵 6
  - 第三节 史料运用与高中历史教学质量的提升 10
- 第二章 史料选取的原则与方法 15
  - 第一节 史料的真实性与可靠性 15
  - 第二节 史料的教学适用性 19
  - 第三节 史料选取的多样性与平衡性 22
- 第三章 史料解析的基本方法 26
  - 第一节 史料解析的基本步骤 26
  - 第二节 不同类型史料的解析方法 32
  - 第三节 借助现代技术解析史料 35
- 第四章 史料在高中历史教学设计中的应用 38
  - 第一节 高中历史教学目标的制定 38
  - 第二节 史料在高中历史教学中的设计步骤 42
  - 第三节 史料在高中历史教学中的整合与创新 46
  - 第四节 高中历史教学活动中的师生互动设计 48
- 第五章 史料教学案例设计 54
  - 第一节 中国古代史教学中的史料运用 54
  - 第二节 中国近代史教学中的史料运用 59
  - 第三节 世界史教学中的史料运用 65
  - 第四节 综合实践活动中的史料运用 69
- 第六章 史料教学中学生能力的培养 72
  - 第一节 提升学生的史料解读能力 72
  - 第二节 培养学生的历史思维能力 74
  - 第三节 引导学生形成独立判断力 80
  - 第四节 史料教学促进价值观教育 85

第七章　史料与高中历史探究式学习 ·············· 88
第一节　以史料为基础的课堂探究活动设计 ·············· 88
第二节　史料分析方法在探究式学习中的运用 ·············· 91
第三节　史料选择与整合对历史探究式学习的影响 ·············· 94

第八章　史料的科技化与数字化应用 ·············· 100
第一节　数字史料的类型与获取方式 ·············· 100
第二节　多媒体技术在史料教学中的运用 ·············· 104
第三节　史料教学中的 AI 技术运用 ·············· 110

第九章　史料教学中教师能力的提升 ·············· 114
第一节　提升教师史料解读能力 ·············· 114
第二节　增强教师历史思维的培养 ·············· 118
第三节　加强教师史料设计的能力 ·············· 122
第四节　发展教师互动式史料教学技巧 ·············· 127

第十章　史料教学的发展方向 ·············· 132
第一节　当前史料教学的困境与改进方向 ·············· 132
第二节　史料教学改革的趋势展望 ·············· 135
第三节　全球化视野下的史料教学 ·············· 139

参考文献 ·············· 143

第一章　史料与高中历史学科核心素养

第一节　史料的定义与分类

一、史料的定义

史料，是指研究历史的材料，包括文献、档案、碑刻、考古发现等，是历史研究的基础。史料的价值在于它能够对过去的事件、人物、思想、文化等方面提供直接或间接的证据。

二、史料的分类

史料可以按照价值、形式、来源、时间、内容及地域等进行分类，不同分类下的史料有不同的特点。

（一）按价值分类

按史料的价值，我们可以将其分为原始史料和间接史料两大类。

1.原始史料

原始史料，也称第一手史料，是指直接来源于历史事件或人物的资料。这类史料被认为具有较高的历史价值，因为它能够提供最接近历史真相的信息。原始史料的主要特点有以下几点。

（1）直接性

原始史料源自历史事件或人物本身，未经第三方的解释或加工，保留了最接近历史真相的信息，为历史研究提供了原始的视角和证据，因而具有直接性。

（2）丰富性

原始史料的丰富性体现在其多样的形态和广泛的来源。原始史料不仅包括个人日记和信件，还涵盖了官方文件、法律文书、条约、会议记录等官方性质的文档。个人笔记为原始史料增添了私人视角。考古发掘的遗址、实物则提供了物质文化的证据。这些史料的丰富性使得历史研究能够从不同角度、不同层面揭示历史的复杂性，丰富了人们对过去的认识。

（3）局限性

原始史料虽然为人们提供了宝贵的第一手资料，但它们也存在一些局限性。首先，由于时间的推移，许多原始史料可能保存不完整，这导致人们无法获得关于某些历史事件或人物的全面信息；其次，史料的编纂者可能会受到个人立场、阶级立场、政治权势的影响，从而在记录时有意无意地歪曲或选择性地呈现信息；再次，对于研究外国历史的学者来说，许多原始史料可能用外语书写，如古希腊语、拉丁语等，这要求研究者必须掌握相应的语言能力才能有效利用这些史料；最后，原始史料可能因为记录者的知识和观察能力的限制，而无法完全准确地反映历史的真实。因此，在使用原始史料时，历史学家需要持有批判性思维，综合分析各种史料，以尽可能接近历史的真实面貌。

2.间接史料

间接史料，也称第二手史料，是基于原始史料的分析、解释或总结。这类史料是经过研究者对原始史料的解读和研究后形成的。间接史料的主要特点有以下几点。

（1）分析性

在历史研究中，间接史料不是对原始史料的简单转述，而是通过深入的分析和细致的解释，揭示历史事件的深层含义。间接史料的作者通常会运用自己的专业知识和理论框架，对原始史料进行解读，从而提出新的观点或理论，推动历史学科的发展。

（2）综合性

通过整合和分析多个原始资料，间接史料为人们提供了一个关于特定历史问题或事件的全面视角。研究者通过比较、对照和分析不同的原始史料，能够揭示事件的多维度特征，包括政治、经济、社会和文化等方面。这种综合性不仅增强了历史解释的深度和广度，也使得历史叙述更加丰富和精确。

（3）教育性

在历史教育领域，间接史料尤其是那些经过精心编纂的历史书籍和深入研究的学术论文，不仅为学生提供了学习历史的内容，而且通过系统化的叙述和分析，帮助学生建立起对历史事件、人物的认知。间接史料将复杂的原始史料转化为易于理解的语言和结构，使得历史知识更加普及，让公众了解历史文化。

（4）创造性

在创作过程中，间接史料的作者常常展现出创新精神，他们不满足于仅仅复述历史事实，而是致力于提出独到的见解和理论。这种创新不仅丰富了人们对历史的理解，也为历史研究开辟了新的方向。间接史料的作者通过研究，能够将历史事件放在更广阔的社会、文化和政治背景中进行考察，从而揭示出历史发展的趋势和模式。

（二）按形式分类

按照史料的形式，我们可以将其分为文字史料、图像史料、实物史料和口述史料四大类。

1.文字史料

这类史料包括书籍、文章、档案和铭文等多种类型，每一种类型的史料都以其独特的方式承载着历史信息。书籍和文章中包含作者对历史事件的详细叙述与分析，使人们能够深入探究事件的产生背景、起因及其影响。档案则记录了官方或私人间的通信和文件，为人们提供了政治、经济和社会运作的直接证据。铭文，无论是刻在石头上还是铸在金属上，都记载了重要的历史事件和人物，为研究提供了宝贵的资料。文字史料是历史研究中最常见和最基础的资料形式。它们通过书面形式捕捉并保存了人类活动和社会变化的轨迹。

2.图像史料

这类史料包括绘画、照片、地图和雕塑等，以图像的形式捕捉并展现了历史场景、人物和社会生活的细节。作为艺术作品的绘画和雕塑，不仅记录了历史的形象，还体现了特定时期的审美文化和艺术风格，使人们可以对过去社会的精神面貌有深刻的理解。照片以其真实性和即时性见证历史瞬间，使人们可以一窥历史的原貌。地图则记录了地理环境和社会结构的变迁，对人们理解历史上地理和空间分布具有重要的参考价值。图像史料通过视觉艺术的形式，为历史研究提供了一种直观的记录方式。

3.实物史料

这类史料包括文物、遗址和遗迹等多种形式。这些史料为人们揭开古代社会和文化的面纱提供了直接的物证。例如，陶器、金属器和纺织品等文物不仅展示了当时的生产技术，还反映了古人的生活方式和社会习俗。遗址和遗迹则向人们展示了古代的建筑艺术、城市规划以及社会结构的布局，是古代文明的物理印记。这些史料对探索古代文明的奥秘至关重要，是连接过去与现在的桥梁，能够帮助人们构建起对历史的三维认知。

4.口述史料

这类史料包括民间传说和历史见证人口述的历史，以口头语言的形式传递着历史信息。民间传说蕴含着对历史事件的民间解读，这些传说不仅是文化传承的载体，也反映了普通民众对历史的看法和价值观念。历史见证人的口述则提供了对历史事件的个人视角和情感体验，是个人与历史事件直接接触的见证，为人们提供了一种独特的、生动的历史理解方式。口述史料作为一种非书面的历史记录形式，通过口头传承的方式保存了历史的记忆，使人们能够感受到历史的脉动。

（三）按来源分类

按史料的来源，我们可以将其分为官方史料和民间史料两大类。

1.官方史料

官方史料是由政府机构或官方组织编纂和保存的史料，通常包括官方档案、法令、公告等。这类史料具有权威性和系统性，因其直接来源于政府的记录和文件，能够提供关于政治决策、法律制度和社会管理等方面的直接证据。

2.民间史料

民间史料则是由民间个人或团体编纂和保存的史料，包括家谱、地方志、民间传说等。这类史料具有基层性、社会性和鲜活性，其价值在于能够补充官方史料的不足，提供更贴近民众生活的历史视角。民间史料往往更加注重个体经历和社会习俗，能够揭示官方史料中未能覆盖的历史细节。

（四）按时间分类

按史料的时间，我们可以将其分为古代史料、近代史料和现代史料三类。

1.古代史料

古代史料记录了遥远历史时期的文明、社会结构和文化传统。这些史料形式丰富，包括古代文献、手稿、石刻艺术、壁画和雕塑等，以不同的方式捕捉了古代人类的生活和思想。古代史料的珍贵之处在于揭示古代社会的生活方式和制度，为人们提供了一扇窥探古代世界的窗口。例如，中国古代的《史记》和《汉书》详尽地记录了中国古代的历史，古埃及的罗塞塔石碑则成为解读古埃及象形文字的关键。这些史料对于探索人类文明的起源和演变至关重要，不仅是历史的见证，也是连接过去与现在的桥梁。

2.近代史料

近代史料是指从中世纪末期到19世纪末这一时期的历史记录。这些史料的形式多样，包括政府文件、官方档案、报纸、期刊、私人信件、日记等。政府文件和官方档案作为近代史料的重要组成部分，记录了当时的政治决策和社会管理，是了解近代国家治理和社会结构的关键。报纸和期刊是人们了解社会动态和公众舆论的窗口，不仅报道了当时的新闻事件，还刊载了评论和插图，反映了当时社会的发展状况。私人信件和日记则更加个人化,揭示了个人的生活体验和情感世界,为历史研究提供了珍贵的第一人称视角。

近代史料的价值在于能够提供多维度的历史信息。官方史料为人们提供了宏观的历史框架,而民间史料则补充了微观的社会生活和个人经历。这些史料的多样性和丰富性使得历史学家能够从不同角度审视和解读历史,构建起一个立体、多维的历史图景。

3.现代史料

现代史料是自20世纪初至今的历史记录。这些史料包括视频、音频以及社交媒体内容等。视频和音频资料为历史事件提供了生动的感官体验,使人们能够更直接地感受历史时刻。社交媒体的兴起则为现代史料增添了新的维度,不仅反映了公共讨论的广度和深度,还展现了个人在社会事件中的即时反应和观点。

现代史料对于揭示当代社会的特点和趋势至关重要,不仅记录了历史事件,还反映了社会心态和文化变迁。通过这些史料,人们可以洞察到社会结构的演变、政治动态的发展以及经济和文化领域的新变化。现代史料的即时性和互动性使得历史研究更加贴近现实,也为公众参与历史记录和讨论提供了平台。

(五)按内容分类

按史料的内容,我们可以将其分为政治史料、经济史料、文化史料和社会史料四大类别。

1.政治史料

政治史料主要涉及政治事件、政治制度和政治人物等内容。这类史料包括政府文件、法令、公告、政治人物的传记和政治事件的记录等。这些史料对于理解特定时期的政治变迁、权力结构和政策导向至关重要。

2.经济史料

经济史料主要关注经济活动、经济制度和经济政策等方面。这类史料包括商业契书、税收记录、企业档案等,揭示了经济行为的模式和经济决策的过程。这些史料对于分析一个时期的经济发展趋势、经济结构和经济政策的影响具有重要意义。

3.文化史料

文化史料涉及文化现象、文化传承和文化人物等内容。这类史料包括文学作品、艺术作品等,反映了一个时代的文化成就和思想潮流。这些史料有助于人们理解不同历史时期的文化特征和社会价值观。

4.社会史料

社会史料则关注社会结构、社会关系和社会事件等内容。这类史料包括社会调查报告、民间传说、家谱等，是对社会生活的直接观察和记录。这些史料对于研究社会历史、社会变迁和社会问题具有重要价值。

（六）按地域分类

按史料的地域，我们可以将其分为本国史料和外国史料两大类。

1.本国史料

本国史料指的是记录本国历史的史料。这类史料包括但不限于官方档案、法令、公告、历史著作、地方志、家谱等，不仅涵盖了政治、经济、文化等宏观层面的内容，也包含了社会生活、民间传说等微观层面的细节。本国史料的价值在于能够帮助人们构建起对本国历史连续性和复杂性的认识，是理解本国历史发展的关键。

2.外国史料

外国史料指的是记录外国历史的史料。这类史料包括外国政府的官方文件、外国历史学家的著作、外国的文学作品、外国的考古发现等。通过研究外国史料，人们不仅能够获得对其他国家历史的认识，还能够对比和反思本国历史，从而在更广阔的视角下理解历史现象。

第二节 高中历史学科核心素养的内涵

在当今教育改革的浪潮中，培养学生的核心素养已成为教育领域的重要目标。高中历史学科作为基础教育的重要组成部分，其核心素养的培养对于学生的全面发展具有深远意义。依据《普通高中历史课程标准（2017年版2020年修订）》，高中历史学科核心素养涵盖了唯物史观、时空观念、史料实证、历史解释和家国情怀五个关键维度，这些素养相互关联、相互促进，共同构建起学生认识历史、理解历史和运用历史的能力体系。

一、唯物史观

唯物史观是揭示人类社会历史客观基础及发展规律的科学的历史观和方法论，是历史学科核心素养的理论基石。人类历史的发展纷繁复杂，从原始社会的蒙昧到现代社会的高度文明，其间经历了无数的变革与演进。唯物史观为我们提供了一把钥匙，帮助我们透过这些复杂的历史现象，认识历史发展的本质和规律。

在唯物史观的框架下，我们认识到人类社会形态是从低级到高级逐步发展的。从原始社会的部落聚居，到奴隶社会的阶级分化，再到封建社会的等级制度，以及资本主义社会和社会主义社会的出现，每一个阶段的更替都反映了生产力与生产关系之间的矛盾运动。生产力的发展是推动社会进步的根本动力，当生产关系适应生产力发展时，社会就会呈现出繁荣稳定的局面；反之，就会引发社会变革。例如，工业革命时期，机器生产的广泛应用极大地提高了生产力水平，原有的手工工场生产方式逐渐被工厂制所取代，这一变革不仅改变了经济结构，也深刻影响了社会的政治、文化和生活方式。

唯物史观还强调经济基础与上层建筑之间的相互作用。经济基础决定上层建筑，上层建筑反作用于经济基础。一个社会的政治制度、法律体系、文化观念等上层建筑都是建立在一定的经济基础之上的。以中国古代封建社会为例，自给自足的小农经济是其经济基础，与之相适应的是封建君主专制制度、儒家思想的正统地位以及宗法等级制度等上层建筑。这些上层建筑在维护封建经济基础的同时，也对社会发展产生了深远影响。

人民群众在社会中发展也是唯物史观的重要观点。人民群众是物质财富和精神财富的创造者，是社会变革的决定力量。在历史的长河中，无数的劳动人民通过辛勤的劳动，推动了生产力的发展和社会的进步。例如，在古代农业社会，农民的辛勤劳作养活了整个社会，为文明的发展提供了物质基础；在近代社会变革中，工人阶级成为推动社会进步的重要力量，他们通过罢工、示威等形式，争取自身的权益，推动了社会制度的变革。

在高中历史教学中，培养学生的唯物史观，就是要引导学生运用这些观点和方法去分析历史事件和历史现象，理解历史发展的必然性和规律性，从而树立正确的历史观和世界观。例如，在学习世界近代史时，教师可以引导学生运用唯物史观分析工业革命对资本主义社会的影响，让学生认识到工业革命不仅是生产力的巨大飞跃，也是生产关系的深刻变革，进而理解资本主义社会的基本矛盾和发展趋势。

二、时空观念

时空观念是在特定的时间联系和空间联系中对事物进行观察、分析的意识和思维方式，是历史学科区别于其他学科的重要特征之一。任何历史事件和历史现象都发生在特定的时间和空间之中，只有将它们置于具体的时空框架内，才能准确地理解其发生的背景、原因和意义。

（一）时间

时间是历史发展的纵向维度，它为我们提供了历史事件的先后顺序和发展脉络。在高中历史学习中，学生需要掌握不同历史时期的划分方法，如古代史、近代史、现代史的划分，以及各个朝代、时期的起止时间等。同时，学生还需要理解历史发展的阶段性特征。例如，中国古代史可以分为先秦、秦汉、魏晋南北朝、隋唐、宋元、明清等不同时期，每个时期都有其独特的政治、经济、文化特点。通过对这些时间线索和阶段性特征的把握，学生能够构建起清晰的历史时间框架，更好地理解历史事件之间的因果关系。

（二）空间

空间是历史发展的横向维度，它涉及历史事件发生的地理位置、区域范围以及不同地区之间的联系和互动。例如，在学习古代文明时，学生需要了解古代埃及、古代巴比伦、古代印度和古代中国等文明的地理位置和发展特点，以及它们之间的交流与影响。同时，学生还需要关注历史上的地理环境变迁对人类社会发展的影响，如气候变化导致的农业生产方式的改变、交通路线的变化对经济交流的影响等。

培养学生的时空观念，有助于提高学生的历史思维能力和分析问题的能力。在教学中，教师可以通过运用历史地图、时间轴等教学工具，帮助学生直观地感受历史事件的时空背景。例如，在学习抗日战争时，教师可以展示抗日战争时期的地图，让学生了解日军的进攻路线、抗日根据地的分布以及重要战役的发生地点等，从而使学生更加深入地理解抗日战争的历史进程和意义。

三、史料实证

史料实证是指对获取的史料进行辨析，并运用可信的史料努力重现历史真实的态度与方法，是历史研究的基础，也是历史学科核心素养的重要组成部分。历史过程是不可逆的，我们无法直接回到过去去观察和体验历史，因此，认识历史只能通过现存的史料。

史料的种类繁多，按照不同的形式可分为文字史料、实物史料、口述史料等。文字史料是最常见的史料类型，如史书、档案、日记、书信等，记录了历史事件、人物事迹、思想文化等方面的信息。实物史料则是指历史上遗留下来的各种文物、遗迹等，如青铜器、陶瓷器、古建筑等，直观地反映了当时的社会生产、生活和文化状况。口述史料是通过口头讲述的方式传承下来的历史信息，如民间传说、回忆录等，虽然具有一定的主观性，但也能为我们了解历史提供独特的视角。

在高中历史学习中，培养学生的史料实证意识和能力，就是要让学生学会如何搜集、整理和辨析史料。首先，学生要学会从不同的渠道获取史料，如图书馆、博物馆、互联网等。其次，学生要掌握辨析史料真伪和价值的方法。例如，通过对史料的来源、作者、时代背景等方面的分析，判断史料的可信度；通过比较不同史料之间的异同，发现历史的真相。最后，学生要能够运用可信的史料来论证自己的观点，形成对历史的正确认识。

例如，在学习"秦始皇巩固统一的措施"这一内容时，学生可以搜集《史记》等文献史料，了解秦始皇在政治、经济、文化等方面采取的措施；同时，学生还可以通过参观秦始皇陵兵马俑等实物史料，直观地感受秦朝的军事制度和雕塑艺术。通过对这些史料的分析和整合，学生能够更加全面、深入地理解秦始皇巩固统一的历史意义。

四、历史解释

历史解释是指以史料为依据，以历史理解为基础，对历史事物进行理性分析和客观评判的态度、能力与方法，是历史学科核心素养中对历史思维与表达能力的要求。所有历史叙述在本质上都是对历史的解释，即便是对基本事实的陈述也包含了陈述者的主观认识。

历史解释具有多样性和主观性。不同的历史学家由于其立场、观点、方法和时代背景的不同，对同一历史事件或历史现象可能会做出不同的解释。例如，对于法国大革命的原因，不同的学者从阶级矛盾、经济发展、思想文化等不同角度进行分析，得出了不同的结论。这就要求学生在学习历史时，要学会从多个角度去分析历史问题，尊重不同的历史解释，同时也要学会运用自己的历史思维能力，对各种历史解释进行批判性思考，形成自己的观点。

培养学生的历史解释能力，需要引导学生掌握历史解释的方法和技巧。首先，学生要能够准确地解读史料，提取其中的关键信息，并将这些信息与所学的历史知识相结合。其次，学生要学会运用历史思维方法，如归纳、演绎、比较、分析等，对历史事件和历史现象进行深入的分析和探究。最后，学生要能够用清晰、准确、有条理的语言表达自己的历史解释，与他人进行有效的交流和讨论。

例如，在学习"工业革命对社会的影响"这一内容时，学生可以通过分析工业革命时期的相关史料，从经济、政治、社会、文化等多个角度对工业革命的影响进行解释。在表达自己的观点时，学生要注意运用历史术语，逻辑清晰地阐述工业革命是如何推动了生产力的发展、改变了社会结构、促进了城市化进程以及其对思想文化产生了怎样的深远影响等。

五、家国情怀

家国情怀是学习和探究历史应具有的人文追求，体现了对国家富强、人民幸福的情感，以及对国家的高度认同感、归属感、责任感和使命感，是历史学科核心素养中价值追求的目标。

历史是一个国家和民族的记忆。通过学习历史，学生能够了解国家和民族的发展历程，感受先辈们的奋斗精神和爱国情怀，从而增强对国家和民族的认同感和自豪感。例如，在学习中国近现代史时，学生可以了解到中国人民在近代以来遭受的列强侵略和压迫，以及无数仁人志士为了实现国家独立、民族解放而进行的艰苦卓绝的斗争。这些历史事件能够激发学生的爱国情感，让他们深刻认识到国家富强、民族复兴的重要性。

家国情怀还体现在对国家和社会的责任感和使命感上。学生通过学习历史，要认识到自己作为社会一员需要承担的责任和义务，关心国家的发展和命运，积极参与社会建设。例如，在学习古代中国的科技文化成就时，学生可以了解到中国古代的四大发明等科技成果对世界文明发展做出的巨大贡献，从而增强民族自信心和文化自豪感。同时，学生也要思考如何在当今时代传承和弘扬优秀的传统文化，为国家的文化建设贡献自己的力量。

在高中历史教学中，培养学生的家国情怀，需要教师通过生动的历史教学，引导学生感受历史中的人文精神和价值追求。例如，教师可以讲述历史人物的爱国事迹，如岳飞精忠报国、林则徐虎门销烟等，让学生在情感上产生共鸣；也可以组织学生开展历史研究性学习，让学生深入了解家乡的历史文化，增强对家乡的热爱和对国家的归属感。

第三节　史料运用与高中历史教学质量的提升

历史是一门基于史料研究的学科，史料是构建历史知识的基础。在高中历史教学中，合理运用史料对于提升教学质量具有至关重要的意义。随着教育改革的不断推进，培养学生的历史核心素养成为高中历史教学的重要目标。史料运用与历史核心素养的培养紧密相连，教师通过对史料的分析、解读和运用，能够帮助学生更好地理解历史，形成正确的历史认知，提升历史思维能力，进而促进历史核心素养的发展。

一、史料运用对提升高中历史教学质量的重要性

（一）激发学生学习兴趣

传统的历史教学往往侧重于知识的灌输，学生被动接受，容易感到枯燥乏味。而丰富多样的史料，如历史图片、文献资料、影视片段等，能够将抽象的历史知识变得生动形象，从而激发学生的好奇心和求知欲，使学生主动参与到历史学习中来。例如，在讲述抗日战争时，教师播放一些反映抗战时期的历史纪录片片段，让学生直观地感受战争的残酷和中国人民的英勇抗争，比用单纯的文字讲解更能吸引学生的注意力，更能激发他们对这段历史的学习兴趣。

（二）帮助学生理解历史知识

历史知识具有过去性和复杂性的特点，学生在理解上存在一定的困难。史料能够为学生提供具体的历史情境和细节，帮助他们更好地理解历史事件的背景、过程和影响。例如，在讲授"鸦片战争"时，教师展示《南京条约》的原文以及当时中英贸易的相关数据等史料，学生可以通过对这些史料的分析，深入了解鸦片战争爆发的原因、英国的侵略目的以及《南京条约》对中国社会的危害，从而更加深刻地理解这一历史事件对中国近代化进程的影响。

（三）培养学生历史思维能力

史料运用是学生对史料进行分析、判断、归纳和总结的过程，这有助于培养学生的历史思维能力。在面对不同类型的史料时，学生需要运用批判性思维去辨别史料的真伪和价值，运用逻辑思维去分析史料之间的关系，运用创造性思维去从史料中获取新的历史认识。例如，在讲授"文艺复兴"时，教师提供不同学者对文艺复兴本质的观点和相关史料，让学生进行对比分析，思考不同观点的依据和局限性，从而培养学生独立思考和分析问题的能力。

二、高中历史教学中史料运用的策略与方法

（一）史料的选择

1.真实性

选择的史料必须是真实可靠的，避免使用虚构或篡改的史料。教师可以引

导学生对史料的来源进行考证，如查阅权威的历史文献、参考专业的历史研究成果等，确保所使用的史料具有较高的可信度。

2.典型性

选取具有代表性的史料，能够准确反映历史事件或现象的本质特征。例如，在讲授"中国古代政治制度"时，教师选择《资治通鉴》中关于秦始皇建立中央集权制度的记载、唐朝三省六部制的运行机制等典型史料，帮助学生理解中国古代政治制度的演变。

3.多样性

选取的史料应丰富多样，包括文字史料、图片史料、实物史料、影视史料等。不同类型的史料可以相互补充，从不同角度呈现历史。例如，在讲授"古代丝绸之路"时，除了文字记载外，教师还可以展示丝绸之路的路线图、出土的丝绸文物、反映丝绸之路贸易的壁画等史料，使学生对丝绸之路有更全面的认识。

4.针对性

教师应根据教学目标和学生的实际情况选择合适的史料，满足不同层次学生的学习需求。对于基础知识薄弱的学生，可以选择一些简单易懂、直观形象的史料；对于学习能力较强的学生，可以提供一些具有深度和挑战性的史料。

（二）史料的呈现

1.合理安排呈现顺序

在教学过程中，教师要根据教学内容和学生的认知规律合理安排史料的呈现顺序。可以先呈现一些背景性的史料，帮助学生了解历史事件发生的时代背景，然后再逐步展示与事件过程和结果相关的史料，引导学生深入探究历史。例如，在讲授"法国大革命"时，教师先展示法国大革命前夕的社会矛盾、阶级对立等史料，让学生了解革命爆发的原因，再呈现法国大革命的进程和重要事件的史料，如攻占巴士底狱、雅各宾派专政等，使学生对法国大革命有一个完整的认识。

2.呈现方式多样化

教师可以运用多种方式呈现史料，如多媒体展示、课堂讨论、角色扮演等。多媒体展示可以将文字、图片、音频、视频等多种形式的史料整合在一起，增强教学的直观性和趣味性；课堂讨论可以让学生在交流互动中分享对史料的理解和看法，培养学生的合作学习能力和思维能力；角色扮演可以让学生亲身体验历史情境，加深对历史的理解和感受。例如，在讲授"美国南北战争"时，教师可以组织学生进行角色扮演，让学生分别扮演林肯、南方种植园主、北方工业资本家等角色，通过模拟他们之间的对话和冲突，学生能够更深刻地理解南北战争爆发的原因和意义。

（三）史料的分析与解读

1.引导学生掌握分析方法

教师要引导学生掌握基本的史料分析方法，如提取关键信息、分析史料的背景和意图、比较不同史料之间的异同、评价史料的价值等。例如，在分析一段历史文献时，让学生找出其中的时间、地点、人物、事件等关键信息，思考文献作者的立场和写作目的，与其他相关史料进行对比，判断该文献的可信度和价值。

2.鼓励学生自主探究

在史料分析过程中，教师要给予学生足够的自主探究空间，让学生自己提出问题、分析问题和解决问题。教师可以通过设置一些开放性的问题，引导学生从不同角度思考史料，培养学生的创新思维和独立思考能力。例如，在讲授"辛亥革命"时，教师展示关于辛亥革命成功与失败的不同观点和史料，让学生自主分析和讨论，得出自己对辛亥革命历史意义的认识。

3.组织小组合作学习

教师将学生分成小组，共同对史料进行分析和解读。小组合作学习可以促进学生之间的交流与合作，培养学生的团队精神和沟通能力。在小组讨论过程中，每个学生都可以发表自己的看法，相互启发，共同提高对史料的理解和分析能力。例如，在研究"古代中国的对外交往"时，教师将学生分成小组，每个小组负责收集和分析不同朝代的对外交往史料，然后在课堂上进行汇报和交流，分享小组的研究成果。

（四）史料与教材内容的整合

1.以史料补充教材内容

教材中的历史知识往往是经过提炼和概括的，具有一定的概括性。教师可以通过引入相关史料，对教材内容进行补充和拓展，使教材知识更加丰富和生动。例如，在讲授"古代希腊民主政治"时，教材中对雅典民主政治的特点和局限性进行了阐述，教师可以补充一些雅典公民大会、陶片放逐法等具体的史料，让学生更直观地感受雅典民主政治的运行机制和实际情况。

2.以史料验证教材观点

教材中的观点和结论需要通过史料来验证。教师可以引导学生运用史料对教材中的观点进行分析和论证，培养学生的批判性思维和实证意识。例如，在讲授"中国近代化的探索"时，教材中认为洋务运动是中国近代化的开端，教师可以提供洋务运动时期创办的近代企业、新式学堂等史料，让学生分析这些史料与近代化的关系，从而验证教材的观点。

3.以史料拓展教材深度

在教学过程中，教师可以根据教学目标和学生的实际情况，选取一些具有深度和广度的史料，对教材内容进行深入挖掘和拓展，引导学生从更高的层次和更广阔的视野去理解历史。例如，在讲授"世界经济全球化"时，除了教材中关于经济全球化的表现和影响的内容外，教师可以引入一些关于在经济全球化过程中出现的问题的史料，如贸易保护主义、贫富差距扩大等，让学生思考如何应对经济全球化带来的机遇和挑战，拓展学生对这一问题的认识深度。

第二章　史料选取的原则与方法

第一节　史料的真实性与可靠性

史料作为历史研究的基础，其真实性与可靠性直接关系到历史研究的准确性和科学性。

一、史料真实性的判断标准

史料真实性的判断是一个复杂的过程，涉及多方面的考量。以下是几个主要的判断标准。

（一）来源的权威性

史料的真实性评估依赖于其来源的权威性。通常，那些来自官方档案、直接目击者的记录或被广泛认可的历史文献，因其来源的可信度高而被认为是较为真实的。例如，国家档案馆所保存的文件、历史人物书写的信件或日记，由于其直接性和官方背景，经常被作为历史研究中的关键证据。这些第一手资料因其直接关联到事件本身，提供了最原始的信息，从而在历史真实性的判断中占据重要地位。

（二）时间的接近性

在评估史料的真实性时，其创作时间与历史事件发生时间的接近程度是一个关键因素。通常，史料的撰写时间越接近事件发生的时间，其真实性越有可能得到保证。这是因为随着时间的推移，人们的记忆会逐渐变得模糊，信息也可能因各种原因而遗失或扭曲。例如，在战争史的研究中，那些战后立即记录下来的史料，由于距离事件发生的时间近，往往比那些几十年后基于回忆或二手信息编写的史料更为准确。这种时间上的接近性减少了记忆偏差和信息失真的风险，使得史料更有可能保持原始事件的真实面貌。

（三）内容的一致性

在历史研究中，不同史料对同一事件描述的一致性是评估其真实性的一个重要指标。通过对比和分析不同来源的史料，研究者发现它们之间可以相互印证。当多个独立的史料对同一事件的叙述显示出高度的一致性时，这些史料的可信度便得到了提升。这种一致性表明，不同作者或记录者在描述同一事件时，尽管可能存在个人视角和表达方式的差异，但他们所提供的信息在核心事实上是相互吻合的。这样的吻合减少了单一史料可能存在的偏差或错误，从而增强了整体史料的真实性。

（四）逻辑的合理性

在评估史料的真实性时，逻辑的合理性是一个不可或缺的考量因素。史料的叙述需要在逻辑上自洽，没有明显的矛盾或不合理之处。历史叙述如果能够在逻辑上自圆其说，没有明显的漏洞，那么它的真实性就更有保障。如果史料中的时间线与已知的历史事实相冲突，或者描述的事件在物理上不可能发生，那么这份史料的可信度就会受到质疑。

（五）证据的支持性

史料的真实性往往通过与其他类型证据的相互支持来得到加强。当一份文献中提到的事件能够得到考古发现、档案等其他形式证据的印证时，其可信度便显著提升。这种跨学科的证据支持为历史研究提供了更为坚实的基础，使得史料上记载的文字有了实物或科学发现的佐证。例如，文献中关于某次战役的记载，如果考古学家在战场遗址中发现了与文献描述相吻合的遗物或遗迹，那么这份文献的记载就得到了实际的物理证据支持，从而增强了其真实性。这种支持不仅验证了文献中的具体细节，也进一步证实了事件本身的历史存在。

二、史料可靠性的评估方法

（一）交叉验证法

交叉验证法是历史研究中常用的方法，它通过对多个来源的史料进行对比分析来评估史料的一致性和可信度。研究者通过交叉验证法仔细检查不同作者或不同时间点产生的史料，寻找它们在描述同一事件时的相似之处和差异。如果多个独立的史料在关键细节上达成一致，那么这些史料的可靠性就得到了加强。这种方法对于缺乏直接物证支持的史料尤为重要，因为它能够通过比较分析揭示史料中可能存在的夸张、遗漏或错误的信息。

（二）历史背景分析法

历史背景分析法要求研究者将史料置于其诞生的时代背景之下，以评估其与当时社会环境和文化背景的契合度。这种方法强调对史料产生时的历史情境的深入理解，从而判断史料的可信度和历史价值。通过分析史料与当时社会状况、文化传统和历史事件的一致性,研究者可以评估史料的准确性和可靠性。

如果一份史料的内容与已知的历史事实、社会状况或文化习俗存在明显冲突,那么这份史料的真实性就值得怀疑。如果一份史料描述的事件与当时的社会规范或技术水平不符,那么这份史料可能是作者主观臆断的,或者是记录了错误的信息。通过历史背景分析法,研究者能够识别不一致之处,从而对史料的可靠性进行更准确的评估。

(三)作者背景考察法

在评估史料的可靠性时,需要对作者的立场、动机以及知识水平等方面进行深入考察,因为这些因素都可能对史料的内容产生影响。作者的政治倾向、社会地位或个人经历都可能在其作品中留下痕迹,从而影响其对事件的描述和解释的客观性。如果一个作者在政治上有明显的倾向性,那么他在记录历史事件时可能会有意无意地偏袒某一方,或者忽视与自己立场相悖的事实。同样,作者的知识水平和专业背景也会影响其对事件的理解和记录。一个缺乏特定领域知识的作者可能无法准确记录复杂的技术细节或专业术语,这可能导致史料中出现错误。

(四)文献批判法

文献批判法是一种深入分析史料的方法,它要求研究者细致审查史料内容,以识别可能存在的夸张、遗漏或错误的信息。这种方法的核心在于对史料的每一个细节进行质疑,不轻易接受史料中的任何陈述。研究者需要具备辨识史料中不一致性和潜在偏见的能力,这对评估史料的可靠性至关重要。

通过批判性分析,研究者能够揭示史料中的问题,比如作者有意无意地夸大某些事实,或者忽略与自己观点相悖的信息。这种方法需要研究者不仅了解史料的表面价值,而且要深入挖掘其深层含义。如果一份史料在描述某个历史事件时忽略了关键的证据,那么这份史料的完整性和客观性就值得怀疑。

(五)科技辅助法

在史料验证中,现代科技手段,例如碳14测年法和DNA序列分析,为历史研究提供了强有力的辅助工具。这些技术使得我们能够对史料中提及的事件进行更为精确的验证,从而增强了史料的可靠性。

碳14测年法,是一种放射性碳定年法,通过测量样品中碳14的含量来确定有机物死亡的时间。这种方法在考古学中的应用极为广泛,它可以帮助确定遗址、遗迹、遗物或文化层的绝对年代。例如,研究者通过对遗址中含碳样品的检测和树轮校正分析，可以推断出样品从生物体死亡至今的时间，进而为考古测年提供精确度较高的结果。例如，夏商周断代工程就是利用碳14测年法，结合考古学，建立起夏商周考古—碳十四年代框架，为三代年表的建立提供了依据。

在史料验证中，DNA 序列分析技术在确定人物身份、族群关系以及历史事件的真实性方面，提供了新的视角。通过分析古代遗骸或文物中的 DNA，研究者可以揭示个体之间的亲缘关系、人群的迁徙路径以及历史事件的影响。这种技术不仅在生物学上取得了成功，也被借鉴到社会科学领域，突出了自然科学方法在史料收集、处理以及分析上的优势。

三、史料真实性与可靠性的案例分析

在中国古代史的研究中，对《史记》和《汉书》中关于汉武帝的记载进行对比分析，是一个典型的史料真实性与可靠性的案例分析。《史记》由司马迁所著，是中国第一部纪传体通史，而《汉书》由班固所著，是第一部纪传体断代史。两部著作在记载汉武帝时期的历史时，存在一些差异，这些差异反映了两位作者不同的立场、观点。

首先，从史料的真实性来看，《史记》和《汉书》在记载汉武帝时期的某些事件时存在差异。例如，《史记》中的《孝武本纪》并不完整，后人抄录《封禅书》补缀而成，而班固另写了《武帝纪》，提供了新的史料。这表明，《汉书》在某些方面补充了《史记》的不足，增加了一些新的内容，这些补充是班固对史料的重新整理和加工。

其次，从史料的可靠性来看，《汉书》在继承《史记》的基础上，进行了一些改动和增删，对汉武帝以前的记载，多是增删《史记》原文，而汉武帝以后的史事则为新纂。这种改动可能受到了班固个人立场的影响，尤其是他恪守儒家正统观念，与司马迁的思想存在分歧。班固批评司马迁"论是非颇谬于圣人"，这也反映了两人的思想分歧。

再次，从历史背景来看，《史记》和《汉书》的记载也反映了两位作者所处的历史时期不同。司马迁生活在汉武帝时期，他的作品可能更接近于当时的实际情况；而班固生活在东汉时期，他的作品可能受到了当时已成为封建正统思想的儒家思想的影响。

最后，从作者背景来看，班固的个人背景和立场对他的著作有着显著影响。班固出生于官宦世家，其父班彪曾作《史记后传》，班固在此基础上重新加工

整理，撰写了《汉书》。这种家学渊源和个人经历使得班固在记载汉武帝时期的历史时，更加注重儒家思想的体现。

第二节 史料的教学适用性

史料教学是历史教学中的重要组成部分，它不仅能够帮助学生了解历史事实，还能够培养学生的历史思维。要让史料在教学中发挥最大效用，教师须遵循教学适用性原则，主要涵盖真实性原则、相关性原则与适宜性原则。这些原则相互关联、相辅相成，共同为高效的史料教学奠定基础。

一、真实性原则

真实性是历史学科的基石。历史教学的目的在于探究和解释过去，而这一过程必须建立在真实、可靠的史料基础之上。如果史料不真实，那么基于这些史料构建的历史解释就可能是错误的，这不仅会误导学生，还会削弱他们对历史学科的信任。因此，教师在选择史料时必须谨慎，确保每一份史料都经过严格的验证。

（一）可信来源的识别

确保史料教学真实性的关键在于识别可靠的史料来源。官方档案、学术出版物以及同行评审的学术论文因其经过专业和严格的审核，通常被视为较为可信的史料来源。在挑选史料时，教师应优先考虑这些来源，以确保学生接触到的信息是经过验证的。

（二）史料的多重验证

多重验证是确保史料真实性和可靠性的重要方法。单一史料往往难以全面展现历史事件的复杂性，因此，教师应从多个角度和不同来源来收集史料，并进行对比分析，以增强史料的一致性和可信度。例如，对于同一历史事件的探究，教师可以综合考虑官方档案、个人日记、报纸报道等多种类型的史料。

（三）史料的背景考察

每份史料都是在特定的历史、社会和文化环境中产生的，这些背景因素不可避免地会对史料的内容和解释产生影响。例如，一份在战争时期撰写的史料可能带有强烈的民族主义色彩，而一份和平时期的史料可能更加注重经济和社会的描述。教师在利用史料时，不仅要验证其真实性，还要深入探究其产生的背景。

二、相关性原则

相关性原则的核心在于确保教学内容与学生的学习目标相匹配。在历史教学中，教师需要根据教学大纲和课程目标精心挑选史料，以增加学生对所学内容的理解。

（一）支撑教学大纲和课程目标

教学大纲和课程目标构成了教学活动的基础框架，明确了学生应达到的知识深度和技能掌握程度。在这一框架指导下，教师挑选史料时必须确保所选材料能够有效支撑课程目标。这意味着史料不仅要能够促进学生对关键概念和历史脉络的理解，还要与教学内容相吻合。

例如，如果教学目标是帮助学生深入理解特定历史事件的起因及其带来的长远影响，教师就需要选择那些能够清晰展示事件发展脉络和结果的史料。这些史料可以是当时的文献、目击者证言、历史学家的分析等，它们共同构成了对事件全面理解的基础。

（二）增强学生理解和记忆

与教学内容紧密相连的史料是连接学生新旧知识、促进深度学习的重要桥梁。学生接触到与他们正在学习的课程内容直接相关的史料时，就会加深对特定历史事件的认识，还能够建立起一个更加坚实的知识框架。

通过将史料融入教学，教师可以激发学生的兴趣，使历史学习变得更加生动和具体。通过分析史料，学生能够将抽象的历史概念与实际的历史情境联系起来，从而加深对历史事件的理解和记忆。

相关性强的史料还能帮助学生建立起跨时间的联系，使他们能够将新学的知识与旧知识相整合，形成更加全面的历史认识。这种整合过程有助于培养学生的历史思维能力，使他们能够从多个角度和层面理解历史，而不仅仅是记忆孤立的史实。

（三）培养综合运用能力

历史学科能够培养学生对历史知识的综合运用能力，这不仅包括对史实的记忆，还涉及对时间线的把握、构建历史解释以及评估历史论证等能力。在教学过程中，教师要挑选那些能够培养学生综合运用能力的史料。通过精心选择的史料，学生能够在实践中学习如何从多个视角审视历史，从而构建出更加全面和均衡的历史框架。

例如，教师可以引导学生分析来自不同背景和时期的史料，这样的活动不仅能够加深学生对历史事件时间顺序的理解，还能教会他们如何从原始材料中提取信息，构建起自己的历史论证。通过比较和对照不同作者的叙述，学生可以学习如何识别和评估历史证据的可靠性。

三、适宜性原则

适宜性原则的核心在于确保史料既不过于简单，也不过于复杂，而是恰到好处地符合学生的认知发展阶段，这对于维持学生的学习动力和避免挫败感至关重要。

（一）匹配学生认知水平

在挑选适合教学的史料时，教师必须细致考虑学生的认知发展阶段，包括他们的年龄、已有的背景知识和之前的经验。对于刚开始接触历史的学生，教师应倾向于选择那些直观、易于理解且内容具体的史料，例如图像、图表或简短的文字资料。这些材料能够帮助学生建立起对历史的基本认识，并激发他们的兴趣。

随着学生逐渐成熟，认知能力逐步提升，教师可以引入更深层次的史料，比如详尽的历史文档、深入的文章分析和涉及多重视角的历史讨论。这些复杂的史料能够挑战学生的思维，促使他们进行更高层次的分析和思考。

（二）鼓励学生参与

当史料的难度与学生的认知水平相匹配时，学生更容易投入课堂讨论和各类学习活动中。在这种互动和参与的过程中，学生不再是被动接受知识的听众，而变成了主动探索历史的参与者。他们的兴趣和积极性被调动起来，这不仅提高了学习效率，而且也锻炼了他们的沟通技巧和团队合作能力。通过讨论和合作，学生学会了如何表达自己的观点，倾听他人的意见，并在此基础上进行建设性的对话。

（三）培养历史思维

通过接触与他们认知水平相适应的史料，学生逐步学习分析历史证据、构建论证以及评估不同历史解释的方法。这一过程对学生发展独立思考能力和成为终身学习者至关重要。

在适宜的史料辅助下，学生能够更有效地学习如何从原始材料中提取信息，识别历史事件的多个维度，并形成自己的历史理解。这种学习不仅仅是对事实的记忆，更重要的是对历史思维的锻炼，包括对历史事件的因果关系、连续性与变化性的理解，以及对历史叙述背后价值观和视角的分析。

（四）适应个体差异

适宜性原则要求教师认识到学生个体间存在的差异，并鼓励教师据此调整教学内容，以满足不同学生的学习需求。这就意味着教师需要灵活地选择和调整史料，以适应每个学生的认知水平，确保每个学生都能在适合自己的节奏下学习，并体验到学习的快乐。

教师选择个性化的史料，能够为不同水平的学生提供适宜的学习材料。例如，对于能力较强的学生，教师可以提供更具挑战性的史料，鼓励他们进行深入分析；而对于需要更多支持的学生，则提供更为基础和直接的史料，帮助他们增强信心和理解。这样的教学策略有助于学生在自己的学习上取得实质性的进步，并在完成学习任务时获得成就感。

第三节　史料选取的多样性与平衡性

在历史教学中，史料的选取是构建历史叙述的基础。多样性与平衡性是确保历史教学客观性和全面性的关键。多样性意味着从不同来源、不同视角选取史料，而平衡性则要求在呈现不同观点时保持公正，不偏不倚。

一、重要性

（一）史料多样性的重要性

1. 多角度理解历史

史料多样性能够揭示历史的多维性。历史并非简单的事件序列，而是政治、经济、文化和社会因素相互交织的复杂图景。单一视角的史料往往只能展现历史的一个侧面，而无法展现事件的全貌。例如，在讲述工业革命时，如果教学史料仅聚焦于技术革新和经济增长，就可能忽略其对工人阶级生活的深远影响。教师通过引入工人日记、社会改革家著作和政府文件等多样化史料，可以让学生更全面地理解工业革命对不同社会阶层的广泛影响。这种多角度的史料分析不仅丰富了学生的历史知识，也培养了他们从不同视角审视问题的能力。

2. 增强历史的真实性

历史是由不同人群和文化共同编织的，每个群体都拥有独特的视角和经历。通过多样化的史料，教师可以更全面地捕捉历史的复杂性，进而帮助学生理解历史的丰富多样性。例如，在探讨殖民主义时期的历史时，如果教学史料仅限于殖民者的记录,那么被殖民者的声音和经历就可能被忽略。引入被殖民者的口述历史和反抗运动的文献,能够更真实地展现殖民主义对不同群体的影响,以及被殖民者对自由和独立的渴望。这种多维度的史料分析不仅丰富了教学内容,也让学生能够从不同角度感受历史的厚重,从而更深刻地理解历史的复杂性和多面性。

（二）史料平衡性的重要性

1.避免偏见

史料不可避免地带有记述者的偏见和误解。通过精心选择和呈现平衡性的史料,教师能够避免偏见的存在,从而减少教学中的失误。教师应鼓励学生分析史料的来源、作者的立场以及可能存在的偏见,以促进学生形成更全面和客观的历史理解。

2.促进客观理解

历史事件通常涉及错综复杂的利益关系和多方视角,如果教学仅从单一视角出发,学生就会形成片面甚至误解的历史观念。例如,仅从一方的史料来探讨冷战,就会让学生误以为冷战仅仅是意识形态的较量,而忽略了经济竞争、军事对峙和地缘政治等其他重要因素。通过引入平衡性的史料,教师能够引导学生多维度认识历史事件的性质,帮助他们构建一个更为全面和客观的历史视角。

3.培养公正的态度

历史教学的目的不仅是传授知识,更在于塑造价值观。通过精心挑选和讨论平衡性的史料,学生能够学会站在不同文化和群体的立场上审视历史,深入理解他们的经历和需求。这种理解与尊重是构建和谐社会和增进国际理解的基石。

二、策略

（一）实现史料多样性的策略

1.多源取材

在进行历史教学时,教师需要广泛搜集来自不同渠道的史料,以确保学生能够从多维度深入理解历史事件。这包括从书籍、档案、口述历史到影像资料等多种渠道获取信息。通过这种方法,学生能够接触到原始的资料,从而更全面地把握历史事件的各个方面。例如,在探讨特定的历史事件时,教师可以整合当时的新闻报道、个人日记、官方文件、摄影作品和视频材料等,为学生提供一个立体化的信息视角。

2.跨越不同的时间

在历史教学中，教师需要选取不同历史时期的史料，揭示历史事件的长期影响及其随时间的演变。这种方法有助于学生认识到历史事件并非孤立的事件，而是相互联系的。例如，当探讨中国改革开放这一重大历史课题时，教师可以对比改革开放前后的史料，从而展示这一政策如何深刻地改变了中国的社会结构和经济面貌。通过分析改革开放初期的决策文件、当时的新闻报道以及后续几十年间的社会经济发展数据，学生能够清晰地看到改革开放对中国乃至世界的深远影响。

3.结合生活实际

在历史教学中，教师需要选取与学生日常生活紧密相关的史料。这种实际联系能够增加史料的直观性和趣味性，从而激发学生的学习兴趣，并促进他们与历史事件之间的情感共鸣。例如，当讲述工业革命时，教师可以引入与学生生活贴近的史料，如现代工厂的工作场景、工人的日常生活照片等。通过这些生动的史料，学生能够更容易地理解历史事件，并将其与自己的生活经验相联系，从而更深刻地感受到历史的重要性和影响力。

4.多角度选取

在历史教学中，教师要多角度选取史料，使学生能够从不同的视角来审视和理解历史，从而增强他们的历史思维能力。例如，在探讨某一历史事件时，教师可以提供来自不同社会阶层、不同政治立场、不同文化背景的史料，这些史料可以包括文学作品、政治宣言、经济数据、社会调查报告等。通过分析这些不同来源和性质的史料，学生可以更全面地理解历史事件的复杂性和多维性。

（二）实现史料平衡性的策略

1.平等呈现

在历史教学中，教师需要公正地展示来自不同群体和立场的史料，以确保学生能够获得一个多元且平衡的历史视角。这种不偏不倚的方法有助于学生接触到丰富的视角和信息，促进他们形成全面的历史理解。例如，在探讨殖民主义时期的历史时，教师不仅要呈现殖民国家的政策文件和宣言，还必须引入被殖民地人民的反抗记录和口头历史。这样的教学方法使得学生能够多维度洞察历史，体会到不同群体在历史进程中扮演的独特角色及其经历。

2.反思性讨论

在历史教学中，教师要引导学生对史料进行深入的反思性讨论。在引导这类讨论时，教师应鼓励学生探究史料的起源、作者的背景。例如，在分析一篇历史文献时，教师可以引导学生讨论作者的社会地位、写作目的以及可能受到的社会和文化影响，这有助于学生更深刻地认识到史料的多面性和复杂性。这样的讨论不仅帮助学生理解史料的深层含义，还能够让他们意识到任何历史叙述都可能带有主观色彩。

3.多元解读

在历史教学中，教师需要提供不同的分析视角，如政治、经济、社会和文化等，来引导学生深入理解同一份历史文献。这样的教学不仅能够加深学生对历史事件的理解，还能够培养他们的同理心和多元思维能力。通过从不同角度审视同一史料，学生能够多维度认识历史事件，理解不同群体基于自身立场和经验对同一事件有着不同的解读和反应。这种多角度的教学方法有助于学生形成全面的历史观，让他们学会在复杂的历史叙述中寻找平衡点，从而更公正地评价历史。

第三章 史料解析的基本方法

第一节 史料解析的基本步骤

史料解析是历史研究中的一项基本技能，它涉及对历史资料的收集、分析、解释和呈现。以下是史料解析的基本步骤，每个步骤都至关重要，准确落实各个步骤才能完成对历史资料的深入理解和准确解读。

一、确定研究目标

（一）确定研究主题

研究主题是研究的核心，它明确了研究的主要内容和关注点。一个清晰的研究主题至关重要，因为它将决定研究的范围和深度。研究主题可以是某个历史事件、人物、社会现象、文化变迁等。确定主题时，研究者需要考虑个人的兴趣、研究的可行性以及该主题在学术界的意义和价值。研究主题应具有足够的开放性，以容纳不同的史料和视角。

（二）界定时间范围

时间范围是指研究的时间界限，它限定了研究的历史时期。界定时间范围时，研究者需要考虑史料的可用性、研究的复杂性以及研究主题的时间跨度。时间范围的确定有助于聚焦研究，避免研究内容过于宽泛或过于狭窄。

（三）划定地理区域

地理区域是指研究的空间界限，它限定了研究的地理范围。划定地理区域时，研究者需要考虑史料的分布、研究的可行性以及研究主题的空间特征。地理区域的选择对于理解历史事件的地域性特征至关重要。

（四）明确研究问题

研究问题是指研究的具体问题，它是研究目标的具体化。明确研究问题有助于指导史料的收集和解读。研究问题可以是描述性的、解释性的或评价性的。描述性问题关注历史事件或现象的描述，解释性问题关注历史事件或现象的原因和结果，评价性问题关注历史事件或现象的价值和意义。研究问题的提出应具有针对性和创新性，以推动学术研究的深入。

（五）考虑研究的可行性

在确定研究目标时，研究者需要考虑研究的可行性。这包括史料的可获得性、研究的时间和资源限制以及研究的技术要求。考虑研究的可行性有助于确保研究的顺利进行。

（六）制订研究计划

在明确研究目标后，研究者需要制订详细的研究计划。研究计划应包括研究的步骤、时间表和预期成果。制订研究计划有助于确保研究的系统性和效率。

（七）考虑研究的预期影响

在确定研究目标时，研究者还应考虑研究的预期影响。这包括研究对学术界的贡献、对社会的启示以及对政策制定的参考。考虑研究的预期影响有助于提升研究的价值和意义。

二、收集史料

（一）确定史料类型

史料的类型多种多样，包括文献、档案、遗迹、口述历史、图像资料等。研究者需要根据研究目标和问题来确定需要收集哪些类型的史料。例如，研究某个历史事件可能需要收集当时的报道、政府文件、个人日记等；而研究某个文化现象可能需要收集艺术作品、民间传说等。

（二）利用档案馆和图书馆

档案馆和图书馆是收集史料的主要场所。它们收藏了大量的原始史料和二手史料，包括书籍、期刊、手稿、照片、地图等。研究者可以通过查阅目录、数据库和索引来快速定位所需的史料。此外，一些档案馆和图书馆还提供在线服务，使得远程收集史料成为可能。

（三）利用网络资源

随着互联网的发展，越来越多的史料被数字化并提供在线服务。研究者可以利用各种在线数据库、电子图书馆等资源来收集史料。这些资源不仅方便快捷，而且覆盖面广，能够提供传统档案馆和图书馆难以触及的资料。

（四）收集口述历史

口述历史是一种重要的史料类型，它通过访谈的形式收集关于个人的记忆和经历。口述历史的收集不仅能够补充文献史料的不足，还能够提供更为生动和直接的历史见证。

三、鉴别史料真伪

（一）交叉验证

交叉验证是鉴别史料真伪的重要方法。研究者需要将同一事件或同一现象的不同记载进行对比，寻找一致性和差异性。通过对比不同来源的史料，研究者可以发现矛盾和疑点，从而判断史料的可靠性；还可以通过将史料中的描述与已知的历史事实进行对比来验证其真实性。

（二）物理和化学分析

对于某些类型的史料，如文献、绘画、雕塑等，研究者可以采用物理和化学分析的方法来鉴别真伪。例如，通过分析墨水、纸张、颜料的成分和年代，研究者可以判断史料的制作时间，从而辨别其真伪。

（三）语言和文体分析

语言和文体分析是鉴别史料真伪的重要手段。研究者需要分析史料的语言特点、用词习惯、句式结构等，以判断其是否符合特定历史时期的语言特征。对于伪造的史料，其语言和文体往往与原始的特征不符。

（四）历史逻辑分析

历史逻辑分析涉及对史料中描述的事件和现象进行逻辑推理和历史背景分析。研究者需要评估史料中的叙述是否符合已知的历史逻辑和背景，是否存在不合理或矛盾之处。

（五）考虑史料的传播路径

史料的传播路径可能影响其真实性。研究者需要考虑史料在传播过程中可能经历的修改或误解，以及这些因素如何影响史料的可信度。

四、理解史料背景

（一）历史背景的考察

历史背景指的是史料产生时的具体历史时期。研究者需要了解该时期的重大事件、政治格局、经济发展、军事冲突等，因为这些因素都可能对史料的内容和形式产生影响。例如，战争时期的史料可能充满了紧迫感和动员性，而和平时期的史料则可能更加注重文化和经济的描述。

（二）社会环境的分析

社会环境包括史料产生时的社会结构、阶层关系、社会矛盾等。这些因素对史料的产生和流传有着直接的影响。例如，不同社会阶层的人可能会有不同的历史记忆和叙述，而这些差异会反映在他们留下的史料中。研究者需要通过分析这些社会因素，来理解史料中的社会立场和观点。

（三）文化背景的理解

文化背景涉及史料产生时的文化传统、价值观念等。这些文化因素对史料的表达方式、语言风格、象征意义等有着深刻的影响。研究者需要深入了解当时的文化背景，才能准确解读史料中的隐喻、象征和文化指涉。

（四）语言和交流方式的考量

史料的语言和交流方式也是理解史料背景的重要组成部分。不同历史时期的语言使用习惯、书写风格、交流媒介等都会影响史料的表现形式。研究者需要对这些语言和交流方式有所了解，才能更准确地解读史料。

五、分析史料内容

（一）分析文字

文字是史料中最直接、最丰富的信息载体。研究者需要对史料中的文字进行细致的分析，包括词汇的选择、句式的构造、语言的风格等。这不仅涉及对文字表面意义的理解，还包括对作者使用特定词汇和句式的意图和背景的探究。例如，某些词汇可能带有特定的时代色彩或文化含义，而句式的选择可能反映了作者的情感态度或论证逻辑。

（二）分析图像和符号

图像和符号是史料中非文字的重要信息载体。研究者需要对史料中的图像、图表、符号等进行分析，以揭示其象征意义和文化内涵。这包括对图像的风格、构图、色彩等视觉元素的考察，以及对符号的来源、演变、使用情境等的探究。分析图像和符号有助于理解史料的直观表现和深层含义，尤其是在研究艺术史等领域尤为重要。

（三）考察表达方式

研究者需要分析史料的表达方式，以理解作者的写作技巧和意图。史料的表达方式包括叙述、描写、议论、抒情等。不同的表达方式对应不同的信息传递策略，研究者需要识别这些策略，以准确把握史料的主旨和情感色彩。

（四）解析逻辑结构

逻辑结构是史料内容组织的重要特征。研究者需要解析史料的逻辑结构，包括论点的提出、论据的支撑、论证的过程等。通过对逻辑结构的分析，研究者可以揭示史料的论证逻辑和论证观点，以及作者的思维模式和论证技巧。

六、比较史料

比较史料是历史研究中揭示历史事件多面性和复杂性的重要方法。通过系统地对比不同史料对同一事件的记载，研究者能够发现差异、矛盾和联系，进而深入探讨其背后的原因，增强对历史事件的全面理解。

（一）确定比较对象

在比较史料之前，研究者需要确定哪些史料是相关且值得比较的。这通常涉及那些描述同一历史事件或现象的不同来源的史料。选择的史料应具有代表性，能够反映出不同的观点、立场或时代背景。

（二）识别史料差异

确定比较对象后，研究者需要细致地阅读和分析每一份史料，记录下它们在内容叙述、细节描写、观点表达等方面的不同之处。这些差异会涉及事件的具体经过、主要人物、发生的时间地点、事件的影响和意义等。

（三）分析差异原因

差异可能源于史料作者的不同立场、时代背景、文化背景、个人经历或信息来源。研究者需要深入探讨这些因素如何影响史料的记载，以及它们对史料真实性和可信度的影响。

（四）探讨史料的互补性

除了差异，史料之间也会存在互补性。研究者需要识别不同史料中可以相互补充的信息，这些信息有助于构建一个更完整的历史事件画面。探讨史料的互补性，有助于揭示历史事件的不同侧面和深层次特征。

七、解释史料

解释史料是历史研究中将分析结果转化为对历史事件或现象的深入理解的过程。这一步骤要求研究者将史料内容与现有的历史知识相联系，并形成对历史事件的综合解释。

在解释史料时，将史料内容与现有的历史知识相联系是关键。研究者需要将新发现的史料与已知的历史事实、理论和解释框架相融合，以验证、补充或修正现有的历史认识。同时，分析史料的社会和文化意义也是重要的一环。研究者需要探讨史料如何反映当时的社会结构、文化价值观等，并评估这些因素对历史事件的影响。

考虑史料的局限性也是解释史料时不可忽视的一环。史料可能存在偏见、遗漏和误解，识别和讨论这些局限性可以帮助研究者更客观地评估史料的可靠性。此外，探讨史料的作者意图对史料解释至关重要，因为作者的目的、动机和预期受众可能影响史料的内容和表达方式。

在解释史料的过程中，避免主观臆断是保证解释客观性和合理性的关键。研究者需要基于证据进行推理，避免将现代观念强加于历史材料，或基于个人偏见进行解释。构建历史解释的论证需要严谨的逻辑和充分的证据支持，以确保解释的说服力和有效性。

八、综合和总结

综合和总结是历史研究中将分散的史料解读结果整合成一个连贯、全面的历史理解的过程。在这一过程中，研究者要将各个史料的解读结果放在一起，寻找它们之间的联系和差异，以及它们对研究问题的共同贡献。

通过对单一史料的深入分析，研究者可以获得关于历史事件的片段化信息。综合这些信息时，研究者需要识别不同史料之间的一致性和矛盾点，评估它们对历史事件的不同解释和视角。这一步骤要求研究者超越单一史料的局限，构建一个更为宏观的历史框架，将各个史料的解读结果融合成连贯的叙述。

总结过程中，研究者需要提炼出各个史料解读结果中的核心观点，形成对研究问题的整体性回答。这不是对史料内容的简单叠加，而是对史料内容的深度整合，以揭示历史事件的复杂性和多维性。

九、呈现和交流

将史料解读的结果呈现出来有助于研究者自身对研究成果的反思和完善，也是学术共同体交流思想、分享发现的重要方式。通过书面或口头的形式，包括学术会议、研讨会、期刊发表或学术书籍，研究者可以将自己的研究成果传达给更广泛的听众。

在呈现过程中，研究者需要清晰地阐述研究问题、研究方法、史料解读的关键发现以及对历史事件的综合理解。这要求研究者具备良好的沟通技巧，能够将复杂的历史分析转化为易于理解的语言，使非专业听众也能理解研究的重要性和意义。

学术交流和讨论是检验解读准确性的重要环节。通过与同行的交流，研究者可以获得宝贵的反馈，这些反馈包括对研究方法的质疑、对史料解读的不同观点或对研究结论的补充。这种互动有助于揭示研究中可能存在的盲点，促进研究者对史料的进一步分析和思考。

需要注意的是，史料解读是一个动态的过程，随着新史料的发现和新方法的应用，史料的解读方法可能会不断更新和深化。因此，保持开放的心态和持续学习的精神是历史研究者必备的素质。

第二节　不同类型史料的解析方法

在历史教学与研究中，史料是我们了解过去、构建历史认知的关键依据。然而，史料的类型丰富多样，每种类型都有其独有的特征和价值，相应地也需要不同的解析方法。正确且深入地解析各类史料，能够帮助我们更准确、全面地还原历史真相，培养学生的历史思维和研究能力。下面将详细介绍几种不同类型史料的解析方法。

一、文字史料的解析

文字史料是历史研究中最为常见和广泛运用的史料类型，包括史书、档案、碑刻、私人信件、文学作品等。

（一）确定史料的来源与作者

了解史料出自何处，作者是谁，这有助于判断史料的可信度和立场。例如，官方史书可能更注重维护统治阶级的利益和正统观念，而私人信件则可能更能反映作者个人的真实情感和当时的社会细节，但也可能存在主观偏见。像司马迁撰写《史记》，他以其独特的史学观和不畏强权的精神记录历史，但其中也难免带有个人对历史人物和事件的评价倾向。

（二）分析史料的内容

仔细研读文字内容，梳理其中的事件、人物、时间、地点等关键信息。同时，要注意文本中的措辞、语气，挖掘潜在的含义。例如，一些古代文献中使用隐晦的语言来表达对当时政治局势的看法。对于文学作品，虽然不能直接将其视为历史事实，但可以从中窥探当时的社会风貌、文化习俗和人们的思想观念。如《红楼梦》就生动地展现了清朝贵族的生活场景、社会等级制度以及传统礼教对人们的束缚。

（三）考察史料的时代背景

任何文字史料都是在特定的时代背景下产生的，其内容必然受到当时政治、经济、文化等因素的影响。研究者将史料置于其所处的时代背景中进行分析，能够更好地理解其产生的原因和意义。比如研究唐朝的诗歌，就需要了解唐朝的政治环境、经济状况、文化主张等背景，才能明白诗歌中所表达的情感和思想。

二、实物史料的解析

实物史料是人类历史发展过程中遗留下来的各种实物，如文物、古迹、遗址等。

（一）鉴定实物的真伪和年代

这是解析实物史料的基础工作。通过科学的检测方法，如碳 14 测年法、热释光测年法等，可以确定文物的大致年代。同时，依靠专业的文物鉴定知识和经验，判断实物是否为真品。例如，对于一件古代青铜器，需要从其材质、工艺、造型、铭文等多个方面进行综合鉴定。

（二）分析实物的用途和功能

从实物的形态、结构、装饰等方面入手，推测其在当时的用途和功能。比如，通过对古代农具的研究，可以了解当时的农业生产方式；对古代兵器的分析，能知晓当时的军事技术和战争形态。以越王勾践剑为例，其精美的工艺和锋利的剑刃，不仅展示了当时高超的铸剑技术，也反映了越国在军事装备上的重视。

（三）挖掘实物所蕴含的历史信息

实物史料往往承载着丰富的历史文化信息，包括当时的生产技术、审美观念、社会制度等。例如，从古代建筑的风格和布局中，可以看出当时的社会等级、宗教信仰和家庭结构。像北京故宫，其宏伟的建筑规模、严谨的布局，体现了明清时期皇权的至高无上和封建等级制度的森严。

三、图像史料的解析

图像史料包括绘画、照片、地图、雕塑等，以直观的视觉形象呈现历史信息。

（一）识别图像的主题和内容

首先要明确图像所描绘的对象、场景，确定其主题。例如，一幅描绘战争的绘画，需要观察画面中的人物、武器、战斗场景等元素，了解其表现的是哪一场战争。对于地图，要关注地图的绘制范围、标注的地点、边界等信息，判断其反映的是哪个时期的地理状况。

（二）分析图像的创作意图

图像的创作者往往会通过作品表达自己的观点、情感或传达特定的信息。例如，一些政治宣传画可能是为了宣扬某种政治理念或鼓舞士气；而一些艺术绘画则可能更注重表达艺术家对生活、社会的感悟。像法国画家欧仁·德拉克罗瓦的《自由引导人民》，就通过艺术的手法表达了对自由和民主的追求，同时也反映了当时法国的社会动荡和人民的革命精神。

（三）结合其他史料进行解读

图像史料虽然直观，但信息可能相对有限，需要结合文字史料、实物史料等进行综合分析。例如，一幅古代城市的地图，需要结合相关的历史文献，才能更准确地展示出城市的布局、功能分区以及当时的社会经济状况。

四、口述史料的解析

口述史料是通过口头讲述的方式传承下来的历史记忆，包括民间传说、个人回忆、访谈记录等。

（一）核实讲述者的身份和背景

研究者须了解讲述者的年龄、职业、生活经历、社会地位等，这些因素会影响其讲述内容的真实性和侧重点。例如，一位经历过战争的老人的回忆，可能更侧重于战争的亲身经历和个人感受；而民间传说则可能在流传过程中加入了一些虚构和夸张的成分。

（二）分析讲述内容的可信度

由于口述史料容易受到记忆偏差、情感因素、主观立场等影响，研究者需要对其内容进行仔细甄别，可以通过与其他史料相互印证，或者分析讲述内容是否符合常理和历史背景来判断其可信度。例如，在研究某个历史事件时，研究者可对比多位当事人的回忆，找出其中的共同点和差异，进行综合分析。

（三）挖掘口述史料的独特价值

口述史料能够提供个体的历史视角和情感体验，这是其他类型史料所无法替代的。它可以让我们听到普通人的声音，了解历史事件对普通民众生活的影响。比如，通过对二战幸存者的访谈，我们能够更真切地感受到战争的残酷和对人性的考验。

在历史教学中，教师引导学生掌握不同类型史料的解析方法，不仅能够帮助他们更好地理解历史知识，还能培养他们的批判性思维和历史探究能力。教师可以通过选取丰富的史料，组织学生进行小组讨论、分析实践等活动，让学生在实际操作中逐渐熟练掌握这些解析方法，从而提升历史学习的效果和质量。

第三节 借助现代技术解析史料

一、数字技术拓展史料范畴

数字技术的迅猛发展为历史研究带来了革命性的变化。以前，历史研究依赖于文本材料，现代技术使得图像、物质材料等史料得以数字化，极大地丰富了研究者可利用的史料类型。通过数字化，这些史料不仅得以保存，还能跨越时空限制，为全球的研究者所共享。

数字技术使得研究者通过互联网访问世界各地的数据库，利用先进的检索技术迅速找到所需的文献资料。这种便捷性不仅节省了研究者的时间，也使得研究工作更加高效。数字技术还使得那些因年代久远或外在因素损坏的史料得以重建和复原，为历史研究提供了新的视角和材料。

二、机器学习与史料重建

机器学习技术在史料重建领域展现出了巨大的潜力，特别是在处理因年代久远或其他外在因素而损坏的史料以及脆弱的历史文献时。透视扫描技术与机器学习算法的结合，使得研究者能够快速有效地提取文献内容。这些技术的应用不仅保护了脆弱的文献，也为历史研究提供了新的视角。

例如，深度神经网络 Ithaca 在希腊铭文的数字化修复上取得了突破。Ithaca 通过训练，能够识别和修复受损的古希腊铭文，这对于解读古代地中海世界的历史具有重要意义。这种技术的应用，使得那些曾经因损坏而难以解读的史料得以重生，极大地丰富了我们对古代历史的理解。

超分辨率算法作为一种基于机器学习和深度学习的技术，能够将低分辨率图像增强到高分辨率，提升图像清晰度。这对于历史文献的数字化和修复尤其重要，因为它可以帮助恢复那些因时间久远而变得模糊不清的图像和文字。

三、人工智能（AI）技术与古文字翻译

AI 技术在古文字翻译领域的应用，正在逐步揭开古代文明的神秘面纱。AI 技术能够识别和翻译包括甲骨文、西夏文、残缺希腊语铭文在内的多种古文

字，极大地扩充了古代文献的研究范畴。

例如，Humanitext Antiqua 作为新型人工智能对话系统，能够覆盖文本数字化、文字识别、残缺文本复原等多个方面，为古代语言分析的自动化提供了可能。在甲骨文研究领域，国内智能文字识别领域展示了将甲骨文识别并翻译成现代汉字的 AI 技术，这不仅有助于实现甲骨文研究资料的电子化、数据化，也为破解甲骨文谜题提供了新的数字化手段。

四、大数据与学术价值提炼

在数字技术的辅助下，大数据的应用正在深刻地改变历史学的研究方式，尤其是在提炼具有学术价值的信息方面。例如，欧洲中世纪贵族家族留下的大量纹章素材，这些资料对于研究近代早期欧洲的文化与社会状况具有重要意义。然而，由于纹章材料数量庞大且形制、使用场景各异，研究难度极大。

在这样的背景下，数字技术特别是机器学习以及语义网技术的应用，使得对纹章的自动描述与识别成为可能。数字纹章项目通过这些技术手段，实现了对纹章素材的高效处理和分析，极大地推进了相关研究的进展。这种技术的应用不仅提高了研究效率，还使得研究者能够从更宏观的角度审视和理解纹章背后的历史与文化信息。

大数据的价值不仅在于其量大，更在于数据之间的关联性。数据的汇聚和关联，可以揭示出数据背后的事物本质，这对于历史学研究尤为重要。例如，通过分析与关联不同来源和类型的数据，研究者能够构建出更加全面和深入的历史叙事。

五、史料数字化与研究方式改进

史料数字化的进程极大地改变了历史研究的面貌，不仅使得史料的数量呈现出几何级数的增长，而且极大地扩充了历史研究者使用的史料规模。这种变化在多个方面对历史研究产生了深远的影响。

史料数字化让历史研究者能够占有越来越广泛和丰富的史料，这有助于实现研究对象从宏观向微观的扩展。利用数据库中的海量文献，研究者既可以对政治史、军事史、思想史等进行宏观研究，也可以对经济史、社会史、文化史等进行微观研究。研究日记、书信、账本等私人文献，可以折射出大历史背景下个人的生活与思考，在一定程度上弥补了宏观研究的不足。

史料数据库改变了传统的历史研究方式。史料数据库将众多史料融为一体，其中的全文检索、高级检索等功能，为历史研究者快捷查找史料提供了便利。数据库使史料搜集方式从抄史料、做笔记等转变为便捷化的智能检索，在获取史料的途径、数量以及效率方面均得到了空前提高。

史料数字化进一步推动了跨学科研究。历史研究者，不仅要掌握基本的数据挖掘、数据分析等方法，还要了解数字技术的最新动态，从而实现历史研究与数字技术的紧密结合。这种跨界融合的研究方式也拓展和深化了历史研究。

第四章　史料在高中历史教学设计中的应用

第一节　高中历史教学目标的制定

高中历史教学目标的制定是一个复杂而细致的过程，需要综合考虑国家教育方针、学生发展需求、历史学科特点以及社会发展趋势等多方面因素。

一、国家教育方针与政策导向

高中历史教学目标的制定必须与国家的教育方针和政策导向保持一致。我国教育的重点在于培养学生的社会主义核心价值观，以及增强学生的国家意识和历史责任感。这意味着高中历史教学不仅要传授知识，更要在教学过程中引导学生形成正确的价值观和世界观。

历史教学应该让学生了解国家的发展脉络，认识到历史发展的连续性和阶段性，从而增强学生对国家历史和文化的认同感。同时，通过学习历史，学生能够理解社会主义核心价值观的内涵，包括爱国、敬业、诚信、友善等，这些价值观是构建和谐社会和推动国家发展的重要基石。

高中历史教学还应培养学生的历史责任感，让他们意识到公民在维护国家利益和推动社会进步中的作用。通过历史教育，学生能够学会从历史中汲取智慧，以史为鉴，明辨是非，为成为有责任感的公民打下坚实的基础。

二、学生发展需求

在高中阶段，学生正处于个性发展和世界观形成的关键时期，这一阶段的历史教学目标应当紧密围绕学生的发展需求来设计。历史教学不仅要传授知识，更要促进学生在认知、情感和价值观念上的全面发展。

（一）认知发展

在历史教学中，促进学生的认知发展关乎学生智力的全面成长，核心任务是培养学生的历史思维能力，这不仅涉及对时间的感知和理解，也包括在特定的历史背景下分析事件，把握不同历史时期的特点及其相互联系。学生必须学会利用史料来解释历史事件，并在此基础上形成自己的见解。学生需要学会通过逻辑推理和证据支持来构建自己的判断，这是形成独立思考能力的关键。

（二）情感态度

在历史教学中，情感态度的培养同样占据着举足轻重的地位，它关乎学生如何与历史学科建立起积极的联系，以及他们如何通过学习历史来丰富自己的情感体验。教师的任务是点燃学生对历史学科的好奇心和热情，鼓励他们主动地去探索和体验历史。教师可以采用富有吸引力的教学方法，例如通过故事化叙述和角色扮演等互动形式，让学生更加生动地感受历史，从而提升他们对学习历史的兴趣和参与度。

历史教学还承担着培养学生民族自豪感和国家认同感的使命。通过深入了解国家的历史成就和丰富的文化传统，学生能够建立起对民族的自豪感，增强作为国家一员的归属感。这种情感的培养不仅能够激发学生的学习动力，还能帮助他们建立起正确的价值观和世界观，为他们成为有责任感和有担当的公民打下坚实的基础。

（三）价值观

在历史教学中，价值观的塑造占据着核心地位。它旨在帮助学生构建起正确的历史观，从而深刻理解历史发展的内在规律，以及历史事件的复杂性和多维性。这一过程要求学生能够超越单一视角，从多个维度去审视和解读历史，避免陷入简化或偏颇的理解。

三、历史学科特点

历史学科作为学校教育中的重要组成部分，具有其独特的学科特点，这些特点不仅决定了历史教学的内容和方法，也影响着教学目标的设定和实现。

（一）知识性与教育性相结合

历史学科兼具知识性和教育性。历史学科的知识性是指其涵盖了丰富的历史事实、关键人物以及文化成就，这些历史知识构成了学生理解历史的基石，是培养他们历史思维能力的必要条件。历史学科的教育性体现在通过历史知识的传授，能够让学生形成道德观念、增强国家认同感，并加深对文化传统的理解，从而实现教育的德育目标。

在这一过程中，历史学科不仅仅是对过去事件的简单陈述，更是一种引导学生思考和感悟的工具。通过学习历史，学生能够从中汲取智慧，形成正确的价值观和世界观。历史教育的目的在于让学生能独立分析历史事件，理解不同历史时期的特点，并从中获得深刻的启示。这样的教育不仅能让学生记住历史，更重要的是让他们理解历史、感悟历史，从而在现实社会中做出明智的判断和选择。

（二）时空属性

历史学科具有独特的时空属性，其专注于探索在特定时间和地点发生的事件。这一特性要求学生具备对时间的敏感性和对空间的深刻理解，以便能够准确地将历史事件放置在其原本的时空背景中进行分析。培养时空观念，学生能够更全面地理解历史，认识到历史事件的复杂性和多样性。

在教学中，教师应鼓励学生从多维度审视历史，不仅仅关注事件本身，还要关注事件发生的时间和地点，以及这些因素如何影响事件的发展和结果。例如，通过比较不同地区在同一历史时期的社会变迁，学生可以更深入地理解地理、文化和政治因素如何共同作用于历史进程。这种对时空的综合考量，不仅能够增强学生的历史理解能力，还能提高他们的分析和思维能力。

（三）综合性与跨学科性

历史学科的综合性和跨学科性是其显著特点，其与政治、经济、文化和地理等学科领域紧密相连。这种跨学科的联系使得学生可以从多元化的视角来解读历史，从而对历史获得一个更立体、更全面的理解。例如，将历史事件与地理环境相结合，学生可以深入理解特定历史事件发生的地理条件和空间影响，从而更深刻地把握历史发展的脉络。

在教学中，教师应鼓励学生将历史知识与其他学科知识相结合。这样的教学方法不仅能够激发学生的学习兴趣，还能促进他们综合运用不同学科的知识和技能来分析和解决问题。通过这种方式，学生能够认识到历史不是孤立发生的，而是与社会、经济、文化和自然环境等多个因素相互联系的。

（四）叙事性

历史学科以其叙事性质而著称，其通过讲述历史事件的连续性和发展过程，展现历史演进的规律。这种叙事方式要求学生不仅能够理解并分析历史叙述，还能够从中提取关键信息，把握历史发展的主线。学生需要培养对历史叙事的敏感性，学会识别和理解历史故事中的关键转折点和深层次含义。

叙事性的历史教学能够激发学生的兴趣，因为其将枯燥的叙述转化为引人入胜的故事。故事化的讲述使学生能够更直观地感受历史，理解历史人物的动机和历史事件的复杂性。这种教学方法使得历史学习变得更加生动和有趣，有助于提高学生的参与度和学习动力。

在聆听和分析历史故事时，学生应该学会去质疑、去探索，从而培养独立思考的能力。学生应该学会不仅仅是接受表面的故事，而是深入挖掘背后的历史真相，评估不同历史叙述的可靠性和价值。

（五）证据性

历史学科注重对证据的依赖，历史学家通过研究各种历史文献、档案、遗迹等资料来还原和解释历史。这种对证据的重视要求学生掌握搜集、分析和评价历史资料的技能，这是理解历史和形成独立见解的基础。学生需要学会如何从原始资料中提取信息，如何辨别不同资料的可靠性和价值，以及如何利用这些资料构建起对历史事件的全面认识。

在学习过程中，学生不要轻信任何未经证实的说法，而是要通过证据来验证历史资料的真实性。这种以证据为基础的学习方法，不仅能够提高学生的历史素养，还能培养他们的逻辑推理能力和独立思考能力。通过亲手搜集和分析历史资料，学生能够更深刻地理解历史的复杂性和多维性，从而形成更加成熟和全面的历史观。

四、社会发展趋势

随着社会的快速发展，高中历史教学目标需要与时俱进，反映社会发展趋势，其具体包括以下几个方面。

（一）全球化视野

在全球化的背景下，培养学生的国际视野变得尤为重要。全球化促进了国与国、地区与地区的联系不断强化升级，其间的政治、经济、文化、社会等多元领域日益走向深度融合与相互依存。高中历史教学应帮助学生理解不同文明和文化的历史发展，认识到全球化对各国经济、政治和文化的影响，以及各国在全球化进程中的角色和互动。通过学习，学生能够形成全球意识，理解国际合作与竞争的新趋势，为未来积极参与全球化打下基础。

（二）信息素养

在信息爆炸的时代，信息素养成为个体在信息社会中获取、处理、利用和评价信息的能力，这对于高中生来说尤为重要。历史教学需要培养学生筛选、分析和运用历史信息的能力，这不仅涉及对历史资料的搜集和评估，还包括对信息的思考和合理利用。提升学生的信息素养，能使其更好地适应数字化社会，提高解决实际问题的能力。

（三）创新能力

创新是推动社会进步的重要力量。高中历史教学应鼓励学生对历史问题进行创新性思考，培养自身解决问题的能力。这包括破除迷信、超越陈规，善于因时制宜、知难而进、开拓创新的能力。历史教学可以通过案例分析、角色扮演等互动方式，激发学生的创新意识，培养他们的创新思维，使他们在面对新问题时能够提出新的解决方案，为国家的创新发展做出贡献。

第二节　史料在高中历史教学中的设计步骤

一、确定教学目标

在设计史料教学之前，首先要明确教学目标。教学目标的设定将直接影响教学内容的选择、教学方法的运用以及教学效果的评估。

教学目标之一是让学生理解特定历史事件的背景、过程和影响。这不仅包括对事件本身的了解，还包括对事件发生的社会、政治、经济和文化背景的深入理解。通过这种方式，学生可以更全面地把握历史事件的复杂性和多维性。

教学目标之二是培养学生的史料分析能力。这涉及教授学生如何识别史料的可靠性、局限性。在历史研究中，不同的史料可能因为来源、作者立场、时代背景等因素而存在差异。学生需要学会分析这些史料，辨别其真实性和价值，从而构建出更加客观和全面的历史认识。

教学目标之三是增强学生的历史意识，理解历史与现实的联系。历史不仅仅是过去的事情，它与当下和未来都有着不可分割的联系。学习历史，学生可以更好地理解当今世界的各种现象和问题，以及它们的历史根源。这种历史意识有助于学生形成跨时代的思考能力，为他们成为具有全球视野的公民打下坚实的基础。

二、选择史料

选择与教学目标相匹配的史料是历史教学设计中的核心环节。史料的选择不仅关系到教学内容的丰富性和深度，而且直接影响学生的学习兴趣和认知发展。

（一）原始文献的选择

原始文献作为历史教学中的第一手资料，对于学生理解历史事件和人物具有不可替代的价值。这些文献直接反映了历史人物的思想和行为，为学生提供了一种直观的历史体验。在挑选原始文献时，教师须确保文献与既定的教学目标相契合，能够激发学生的思考和讨论。文献的语言和风格也应适合学生的认知水平，以便于他们理解和吸收。

（二）次级文献的筛选

次级文献是对原始资料进行深入分析和阐释的成果。这类文献对于学生而言，是理解历史事件的多角度观点和不同解释的重要资源。在筛选次级文献时，教师需要重视作者的背景、研究方法的严谨性以及论点的逻辑性。选择的文献应当能够拓展学生的视野，提供新颖的视角和深入的分析，从而促进学生对历史事件全面而立体的理解。

（三）多媒体史料的运用

多媒体史料为学生提供了一种直观且生动的历史学习方式。这些史料能够将历史场景和事件生动地呈现在学生面前，极大地丰富了他们的学习体验。历史照片能够展示特定历史时期的社会生活和文化风貌，而地图则能够帮助学生理解地理环境对历史进程的影响。视频和音频资料更是能够提供动态的历史场景，让学生仿佛身临其境，感受历史的氛围。

在挑选多媒体史料时，教师须确保所选材料在视觉和听觉上具有吸引力，同时信息的传递也要准确无误。这些史料应当能够有效地辅助教学，帮助学生更深入地理解课程内容。例如，一张历史照片不仅能够展示场景，还能够引发学生对那个时代人们生活状态的思考；一段视频资料要能够展示历史事件的发展过程，帮助学生理解事件的动态变化。

（四）物证的考量

物证包括文物和遗迹，作为历史的物理遗存，为学生提供了一种直接感受历史环境和文化的途径。这些物证不仅具有历史价值，还承载着丰富的教育意义，它们能够直观地展示历史时期的工艺技术、社会生活乃至审美趣味。例如，一件古代陶器不仅展示了当时的制作技艺，还反映了那个时代的日常生活和审美风格。

在选择物证时，教师应考虑这些物品如何与教学目标相契合，以及它们如何帮助学生更好地理解历史。物证的选择应当能够支持教学内容，增强学生的历史感知能力。教师需要思考如何将这些实物与课程内容相联系，设计出能够引导学生进行深入观察和思考的活动。通过观察和分析物证，学生可以学习到如何从实物中提取历史信息，理解历史发展的脉络。

三、准备教学材料

在高中历史教学中，将选定的史料转化为教学材料，涉及将原始的、次级的、多媒体的以及物质的史料整合并转化为适合学生学习的形式。

（一）制作幻灯片或电子文档

教师可以利用幻灯片或电子文档来展示史料内容，这种方式直观且易于学生理解。例如，将重要的历史文献、照片或地图嵌入幻灯片中，可以让学生在课堂上直接观看和讨论。电子文档则可以包含更多的细节和注释，供学生课后复习和深入研究。在制作这些材料时，教师应确保信息的准确性和可读性，同时考虑到学生的视觉偏好和学习习惯。

（二）准备问题清单

问题清单是引导学生分析史料的重要工具。教师可以设计一系列开放式问题，鼓励学生从不同角度思考史料。这些问题可以涉及史料的来源、作者、目的、内容和影响等方面。

（三）设计讨论指南

讨论指南可以帮助学生理解史料的背景和意义，为课堂讨论提供框架。教师可以准备一些关键点，如史料的历史背景、相关的历史事件、主要人物和转折点等。这些指南可以作为讨论的起点，引导学生进行更深入的探讨。同时，教师也应鼓励学生提出自己的见解和问题，以促进更广泛的讨论。

（四）准备补充材料

可以为学生提供更全面的学习资源，如相关的历史背景介绍、人物传记等。这些材料可以帮助学生建立起对历史事件的宏观理解，同时也能够加深他们对特定历史人物或事件的认识。教师可以提供一些阅读材料，或者引导学生如何利用图书馆和在线资源进行自主学习。

（五）整合多媒体资源

多媒体资源可以作为教学材料的重要组成部分。教师可以剪辑一些历史纪录片或讲座视频，作为课堂讲解的补充。这些视频不仅能够提供生动的历史场景，还能够包含专家的分析和解释，为学生提供更深入的视角。

四、设计教学活动

在高中历史教学中，设计有效的教学活动是提高学生参与度和学习效果的关键。

（一）分组讨论

分组讨论是一种促进学生互动和合作学习的有效方式。在这种活动中，学生被分成小组，每组分配特定的史料进行深入研究和讨论。讨论后，每个小组向全班展示他们的讨论结果，分享他们的观点和发现。这种活动不仅能够提高学生的沟通和协作能力，还能让他们学会从不同角度审视历史问题。

（二）角色扮演

角色扮演活动让学生通过扮演历史人物来更深入地理解历史事件。教师可以提供背景信息和史料，让学生准备并进行角色扮演。这种活动要求学生不仅要理解他们所扮演人物的立场和观点，还要根据史料来构建对话和互动。角色扮演结束后，教师可以引导全班进行讨论，探讨不同角色的动机、决策和历史影响。

（三）史料解读

史料解读活动要求学生分析史料的语言、风格和内容，探讨其背后的意图和信息。教师可以提供一段史料，让学生识别作者的立场、目的和使用的证据。学生需要讨论史料的可靠性和局限性，并尝试从中提取历史信息。这种活动有助于培养学生的分析能力，让他们学会如何从原始资料中构建历史叙述。

（四）辩论赛

辩论赛是一种让学生就某个历史问题进行辩论的活动，他们需要使用史料来支持自己的观点。在辩论前，学生需要进行充分的准备，包括研究史料、构建论点和反驳对方的论点。辩论过程中，学生不仅要清晰地表达自己的观点，还要倾听对方的观点并进行有效的反驳。

五、实施教学

在实施历史教学计划时，教师需要确保学生理解史料的重要性，明白它们是连接过去与现在的桥梁，能够提供对历史事件直接而真实的视角。通过讲解不同类型史料的价值和解读方法，教师可以帮助学生掌握如何从原始文献中提取信息，如何评价次级文献的可靠性，以及如何从多媒体和物质史料中获得深刻的历史感受。

教师应创造一个开放和包容的课堂氛围，让学生自由地表达自己的观点和疑问。通过提问和讨论，学生能够更深入地参与到课堂活动中，这不仅促进了他们对史料的理解，也锻炼了他们的沟通和辩论技巧。

教师需要根据学生的反应和学习进度调整教学策略。这意味着教师要随时准备调整教学计划，以适应学生的需求，无论是通过提供额外的指导，还是通过引入新的教学资源和活动。

六、评估与反馈

在高中历史教学中,教师可以通过多种方式来评估学生的学习成果,并据此提供有针对性的反馈。

观察学生在课堂讨论和活动中的表现是一种直接的评估方式,它可以帮助教师了解学生对史料的理解程度和参与度。通过学生的发言和互动,教师可以判断学生是否能够深入分析史料,并在讨论中提出有见地的观点。

设计书面作业,历史论文和分析报告是评估学生分析能力和写作技巧的有效手段。通过这些作业,教师可以检查学生是否能够独立地从史料中提取信息,构建有逻辑的论证,并清晰地表达自己的观点。作业的评分标准应明确,以确保学生了解评估的依据。

进行口头报告或展示是另一种评估方式,它让学生有机会展示他们的研究成果。这种方式不仅能够评估学生的表达能力,还能够让学生在准备过程中加深对史料的理解和分析。

教师还可以通过问卷调查、个别访谈或课后讨论等方式,了解学生对教学内容和方法的看法。这些反馈可以帮助教师识别教学中的优点和不足,从而调整教学策略,以更好地满足学生的学习需求。

第三节 史料在高中历史教学中的整合与创新

一、史料整合的策略

(一) 建立资源共享平台

在数字化时代,一个集中的史料资源共享平台可以使学生和教师能够轻松访问到广泛的史料。数字化手段使这些资源可以跨越地理限制,实现全球范围内的共享和利用。用户可以通过互联网随时随地访问平台,获取所需的史料,极大地提高了教学和学习的效率。平台还可以提供论坛或评论区,让用户可以就史料的使用和解读进行交流和讨论,促进知识的共享和深化。

(二) 更新与扩充资源库

1.数字化收集与整合

随着技术的发展,数字化手段已成为史料收集的重要方式。通过扫描、文本化的方式,史料大规模地数据化、信息化,如"二十四史""十三经注疏"

等，可以建立全文检索、高级检索等多条件检索的数据库。这种方式不仅提高了史料的可访问性，也极大地扩充了历史研究者可以使用的史料规模。

2.引入国外史学数据库

国外史学数据库不仅可以促进中国的世界史研究，还可以与国内史料数据库共同推动史料数字化进程。这种跨文化的资源整合有助于提供更全面的视角和更丰富的研究资料。

3.多媒体成果的利用

在媒体转型期，从纸质媒体向数字媒体迁移，从以文字为中心向以形象为中心转换的过程中，多媒体成果如综述片、纪录片、影像志等，有利于历史知识的传播，形成品牌效应，激发公众的创作热情，推动平台发展。

（三）跨学科整合

跨学科整合在历史教学中能够为学生提供一个更全面的历史学习视角。这种整合使得历史事件不仅仅是时间线上的标记，还与特定的地理环境和文化背景紧密相关。

地理学提供了历史事件发生的物理空间背景，帮助学生理解地形、气候等因素如何影响历史进程。例如，研究古代文明的兴起往往需要考虑河流、山脉等自然地理特征对农业、交通和城市发展的影响。而文学则通过小说、诗歌、戏剧等形式，反映了特定历史时期的社会状况和人们的思想情感，为历史研究提供了情感和文化层面的解读。

跨学科整合还意味着教学方法和资源的创新。例如，研究者利用地理信息系统（GIS）技术，结合历史地图和文献，可以更直观地展示历史事件的空间分布和演变过程。同时，研究者通过分析文学作品中的语言和修辞，可以更深入地探讨历史人物的心理和动机。这种整合不仅丰富了历史教学的内容，也提高了学生的综合分析能力，使他们能够从多个角度理解和解释历史。

二、史料的创新应用

在高中历史教学中，史料的创新应用不仅能够提高学生的学习兴趣，还能够促进学生对历史知识的深入理解和掌握。

（一）多媒体教学

多媒体技术的发展为历史教学提供了新的途径。视频和音频等多媒体资料的使用，使得历史事件和人物更加生动和直观。例如，通过播放历史纪录片，学生可以直观地看到历史场景的再现，听到同期声的解说，这种视听结合的方式能够增强学生对历史事件的感知和记忆。音频资料如历史人物的演讲录音，可以让学生感受到历史人物的情感和语气，更深入地理解历史背景。多媒体教学的应用使得历史课堂不再是单一的讲述，而变成了一个多感官参与的学习体验。

（二）互动式学习

互动式学习工具的开发，如在线讨论板和虚拟博物馆，为学生提供了一个可以主动参与学习的平台。在线讨论板允许学生就特定的历史话题发表自己的观点，并与同学进行讨论。这种互动不仅能够激发学生的思考，还能够培养他们的沟通能力。虚拟博物馆则通过数字化的方式，让学生能够在任何时间和地点访问博物馆，近距离观察历史文物，甚至参与虚拟的考古挖掘。这种沉浸式的学习体验能够极大地提高学生的学习兴趣和参与度。

（三）项目式学习

项目式学习是一种以学生为中心的教学方法，它要求学生在教师的指导下，主动搜集、整理和分析史料，以完成一个具体的项目。这种方法能够让学生在实践中深入理解和掌握历史知识。例如，学生可以围绕一个历史事件，如工业革命，进行资料的搜集和研究，分析其发生的原因、过程和影响。项目式学习让学生在主动探索中学习，有助于培养他们的独立思考和解决问题的能力。

（四）虚拟现实技术

虚拟现实（VR）技术的应用为历史教学提供了一种全新的体验。通过 VR 设备，学生可以"穿越"到历史现场，如古罗马市场或中世纪城堡，亲身体验历史环境。这种技术的使用不仅增加了学习的趣味性，还能够增强学生对历史背景的理解。VR 技术使得抽象的历史知识变得具体和可感，有助于学生形成更加直观的历史认识。

第四节　高中历史教学活动中的师生互动设计

高中历史教学活动中的师生互动设计是提升教学效果、激发学生学习兴趣和培养历史思维能力的重要环节。

一、互动设计原则

在高中历史教学中，师生互动的设计原则是构建有效教学活动的基础。

(一)以学生中心

在高中历史教学中,教师将学生置于教学活动的中心意味着所有的互动活动都应围绕学生的需求和兴趣来设计。教师需要通过前测调查、课堂观察和学生反馈来了解学生的背景知识、学习风格和兴趣点。这样的了解有助于教师设计出能够吸引学生参与、激发他们好奇心的教学活动。例如,如果学生对某个历史事件特别感兴趣,教师可以围绕这一事件设计讨论、研究项目或角色扮演活动,让学生在探索自己感兴趣的话题的同时,也能深入学习历史知识。教师还应鼓励学生提出问题和建议,使他们成为学习过程的积极参与者。

(二)多样性

在高中历史教学中,教师采用多样化的互动形式不仅能够增加课堂的趣味性,还能确保每个学生都能找到适合自己的学习方式。教师可以调动学生的视觉、听觉,结合动手操作等多种学习方式,来提高学生对历史知识的理解和记忆。例如,教师利用多媒体教学工具,如视频、音频和图片,可以为视觉学习者提供丰富的视觉刺激;通过讨论和演讲,可以满足听觉学习者的需求;通过角色扮演和模拟实验,可以激发动手操作学习者的兴趣。教师还可以设计小组合作项目,让学生在合作中学习,这样既能促进学生之间的交流,也能让每个学生在团队中发挥自己的长处。

(三)参与性

确保学生的全面参与是提升教学质量和学习效果的关键。这种参与性意味着每个学生都有机会在课堂上表达自己的观点和想法,从而增强他们的学习体验和学习动机。为了实现这一点,教师可以设计一系列包容性强、互动性高的教学活动,如小组讨论、全班辩论和角色扮演等,这些活动能够鼓励学生积极思考和交流。通过小组合作,每个成员都有机会提出自己的想法,同时也能与同伴一起学习。此外,教师可以通过轮流发言、随机点名或使用投票系统等方法,确保每个学生都有机会参与到课堂讨论中。这种参与不仅能够提高学生的参与度,还能增强他们的自信心和表达能力。

(四)反馈及时性

教师提供及时的反馈能够帮助学生了解自己的学习状况,明确自己的优势和需要改进的地方,从而更有针对性地调整学习策略。教师可以通过多种方式给予学生反馈,包括口头评价、书面评语、同伴评价等,这些反馈应当具体、具有建设性,并且与学生的学习目标紧密相关。

例如,在学生完成一项作业或参与课堂讨论后,教师可以立即提供正面的肯定，同时指出具体的改进建议。这种即时的反馈能够让学生感受到自己的进步，同时也能够及时纠正错误，避免错误观念的固化。教师还可以鼓励学生进行自我评估和同伴评价，这样的做法能够增强他们对学习的责任感。

二、互动活动设计

在高中历史教学中，教师设计主题式的师生互动活动，可以极大地提高学生的学习兴趣和参与度。以下是以"第二次世界大战"为主题的活动设计方案。

（一）导入新课

在高中历史教学中，教师引入新课内容时，可以采用一种互动性强的方法来激发学生对"二战"历史的兴趣。教师可以邀请学生分享他们所了解的"二战"故事，这些故事可以是他们从书籍、电影或传说中听到的。这种分享不仅能够唤起学生对历史事件的个人联系，还能为课堂讨论提供一个生动的起点。随后，教师可以提出一个引导性的问题："你认为'二战'中最重要的转折点是什么？"这个问题旨在鼓励学生思考战争的关键时刻及其对战争结果的影响。通过这种方式，学生不仅能够回顾已知的历史知识，还能在讨论中深化对"二战"复杂性的理解。

（二）新课讲解

在新课讲解环节，教师可以组织学生进行小组讨论，深入探讨第二次世界大战的起因、发展过程以及深远影响。这种小组合作学习方式能够促进学生之间的思想交流，增强他们的历史理解能力。每个小组可以被分配一个特定的主题，比如战争的起源、关键战役、政治和社会影响等，学生需要围绕这些主题搜集资料、分析信息，并准备小组讨论。在讨论中，小组成员可以互相提问、分享观点，共同构建对"二战"全面的认识。通过这种方式，学生不仅能够从不同角度理解"二战"，还能学会如何合作和沟通。

（三）知识巩固

针对"二战"历史，教师可以采用互动问答的形式来加强学生的记忆和认识。这种活动可以通过快速问答游戏或小组竞赛的方式进行，以增加学习的趣味性和竞争性。教师可以准备一系列问题，涉及"二战"的重要战役、关键人物、技术发展以及战争的社会政治影响等。例如，询问学生哪些战役是转折点，哪些领导人的决策对战争结果产生了重大影响，或者哪些科技创新改变了战争的面貌。学生需要迅速做出回答。这种互动不仅能够检验学生对历史知识的掌握程度，还能激发他们继续探索历史的兴趣。这种问答活动不仅使得学生能够在轻松愉快的氛围中巩固知识，同时也能够提高他们的历史思维和快速反应能力。教师可以根据学生的回答提供即时反馈，帮助他们纠正错误观念，深化理解。

（四）拓展延伸

在高中历史教学中，通过辩论赛的形式拓展学生的思考是提高他们批判性思维能力的有效方法。例如，以"是否应该使用原子弹结束二战"为辩题，可以激发学生深入探讨历史决策的复杂性和道德问题。在这场辩论中，学生将被分为正反两方，每一方都需要准备充分的论据来支持自己的立场。正方需要探讨使用原子弹对快速结束战争的重要性，以及它在减少传统战争手段可能造成的更大伤亡方面的考量。反方则需要聚焦核武器使用的道德和人道主义后果，以及它对后世核武器扩散的影响。辩论过程中，学生不仅要展示自己的历史知识，还要学会如何逻辑清晰地表达观点、倾听对方论点并进行反驳。教师在这一环节中要确保辩论有序进行，并在辩论结束后提供专业的反馈和总结。

（五）反馈与评价

在反馈与评价环节中，学生相互评价和教师总结性评价是提高学生自我认知和学习成效的重要手段。辩论赛后，学生可以相互评价对方在辩论中的表现，包括论点的逻辑性、证据的充分性、表达的清晰度以及反驳的有效性。这种同伴评价不仅能够促进学生之间的交流和理解，还能帮助学生从他人的视角看待问题，提高自我反思能力。学生在给予评价时，应该注重建设性和具体性，指出同伴的优点和改进空间，这样的互动有助于建立一个积极的学习氛围。

在总结性评价中，教师应该综合考虑学生的表现，包括辩论技巧、团队合作、知识掌握和参与度等方面。教师的评价应该公正、客观，既要肯定学生的努力和成就，也要指出需要改进的地方，并提供具体的建议。教师还应该鼓励学生进行自我反思，思考自己在辩论中的表现，以及如何在未来的学习中应用所学知识和技能。

三、具体实施步骤

在高中历史教学中，具体实施步骤是确保教学活动顺利进行并达到预期效果的关键。

（一）准备阶段

在实施历史课程的互动活动前，教师需精心策划并准备相应的教学活动。这包括根据课程内容和教学目标，构思能够激发学生兴趣和参与度的活动方案。

例如，如果课程内容涉及"二战"历史，教师可能会设计辩论赛、角色扮演或小组讨论等活动，旨在加深学生对历史事件的理解。

为了确保活动的顺利进行，教师需要准备一系列相关的教学材料和工具。这包括历史文献、图片、视频资料、多媒体演示文稿等，这些资源将帮助学生更直观地了解历史背景和细节。同时，教师还须确保教学工具的可用性，如白板、投影仪或在线教学平台，以便在课堂上有效地展示这些材料。

教师还应预设一系列引导性问题，这些问题将在活动中引导学生深入思考和讨论。问题的设计应具有启发性，能够促使学生从不同角度审视历史事件。

（二）实施阶段

在历史课程的实施阶段，教师将预先设计好的互动活动付诸实践，确保学生能够积极参与并从中受益。教师首先介绍活动规则和目标，明确期望学生达成的学习成果，然后引导学生进入活动角色。例如，在"二战"历史的辩论活动中，教师把学生分配为正反两方，确保每方都有足够的论据和资料来支持自己的立场。

在活动进行中，教师需要监督活动的进展，确保每个学生都有机会发言，并维持讨论的秩序。教师需要细心观察学生的互动，适时提供指导，帮助学生澄清观点或解决争议。教师应鼓励学生积极倾听他人意见，尊重不同观点，从而培养学生的社交技能。

在活动过程中，教师还需要提供即时反馈，对学生的表现给予肯定，同时指出需要改进的地方。这种即时反馈有助于学生及时调整自己的学习策略，提高学习效率。

（三）评估阶段

在历史课程的评估阶段，教师与学生共同参与对互动活动效果的评估，这一过程对于收集反馈信息、了解教学效果至关重要。活动结束后，教师可以组织学生进行自我反思，让学生思考在活动中学到的内容、参与度以及遇到的挑战。这种自我评估有助于学生内化学习经验，同时为教师提供宝贵的第一手反馈。

教师也可以通过设计问卷调查或开展口头讨论，邀请学生分享对活动的看法和感受。这些反馈可以帮助教师了解活动是否达到了预期的教学目标，以及学生在活动中的参与程度。教师应鼓励学生进行同伴评价，相互之间提供建设性的反馈，这不仅能增进学生之间的相互理解，还能促进学生思维能力的发展。

（四）调整阶段

在教学活动的调整阶段，教师依据收集到的反馈信息，对教学计划和方法进行必要的调整，以优化教学效果。这一过程要求教师具备灵活性和创新能力，能够根据学生的反馈和学习成果，识别出教学中的优势和不足。

首先，教师需要对收集到的数据进行细致分析，找出影响教学效果的关键因素，这包括学生的参与度、活动的设计、教学材料的适宜性以及学生对特定主题的理解程度。基于这些分析，教师可以制订具体的调整计划，比如改进教学内容的呈现方式、增加互动环节、调整教学节奏或者引入新的教学资源。

其次，教师应持续观察学生的反应和学习进展，确保调整措施能够有效提升学生的学习体验。这意味着教师要在课堂上进行即时调整，或者在后续课程中进行更系统的改变。教师还应鼓励学生参与到调整过程中，听取他们的建议，使学生成为教学改进的合作伙伴。

最后，教师需要对调整后的教学活动再次进行评估，以验证调整措施的有效性，并根据新的反馈继续进行优化。这种基于反馈的持续改进过程，有助于教师不断提升教学实践，更好地满足学生的学习需求，实现教学目标。

第五章　史料教学案例设计

第一节　中国古代史教学中的史料运用

在中国古代史的教学中，教师针对秦始皇统一六国的史料，可以进行以下教学设计。

一、教学内容

在高中历史课堂，参考《中外历史纲要（上）》第3课"秦统一多民族封建国家的建立"，我们将深入剖析秦始皇统一六国这段波澜壮阔的历史。秦始皇以非凡才能与远见，完成中国历史上首次大一统，其不仅是杰出的军事统帅，更是深谋远虑的政治家。通过持续军事征服，他将分散的六国统一于强大的中央政权之下，结束长期战国纷争，开启中国封建社会新纪元。

教材从商鞅变法使秦国实力增强为统一奠基，到秦始皇制定并实施"远交近攻"等军事策略逐步吞并六国，均有详细阐述。我们会据此回顾这段历史，从秦始皇的军事策略、政治手腕，到法治思想、中央集权制度的建立，全方位解读。中央集权制度的建立影响深远，它加强中央对地方的控制，统一度量衡、货币和文字，这些在教材里都有具体呈现，是后续中国历史发展的重要基础。

在学习过程中，学生将依据教材提供的历史文献，结合考古发现和现代研究成果，亲身体验历史探索之旅，共同探讨秦始皇统一给当时人民带来的影响，以及对中国文化和政治格局的塑造作用。通过对教材内容的深度挖掘与拓展学习，学生不仅能理解秦始皇统一六国的历史意义，还能在分析探究中，培养对历史事件深层次分析的能力，提升历史学科核心素养。

二、教学过程

（一）情境创设

教师可以展示秦始皇兵马俑的图片，这些栩栩如生的陶俑，不仅展现了秦军的严整军容，也反映了秦朝的强盛国力。接着，教师引入相关文献史料，如

《史记》中的记载，这些珍贵的文献为学生提供了一扇窥探历史的窗口，让他们能够更深入地了解那个时代。

通过这些直观的图片和翔实的史料，教师将构建起一个生动的历史情境，让学生仿佛置身于那个波澜壮阔的时代。在此基础上，教师可以提出一系列引人深思的问题，如"秦始皇是如何实现对六国的统一的？""这一统一行为对中国历史产生了哪些深远的影响？"这些问题旨在激发学生的好奇心和探究欲，引导他们主动思考和讨论，从而更深刻地理解秦始皇统一六国的历史意义和价值。

这样的教学设计不仅能够提高学生的历史素养，还能够培养他们的综合分析能力。

（二）史料分析

在深入探究秦始皇统一六国的历史事件时，教师将借助丰富的史料来加深学生的认识。首先，展示秦始皇陵出土的兵马俑图片，这些图片不仅展示了秦军的威武雄壮，也反映了秦朝的强大和统一的军事力量。兵马俑作为秦朝军事实力的象征，让学生直观感受到秦始皇统一六国时的强大军力。

接着，教师引用《史记·秦始皇本纪》中的记载，这部古代文献为学生提供了关于秦始皇统一六国的第一手资料。通过分析这些文献，学生可以了解到秦始皇的政治策略和军事行动，以及他如何一步步实现统一。这些记载不仅具有历史价值，也让学生认识到历史文献在历史研究中的重要性。

最后，教师展示秦朝统一的度量衡、货币、文字等图片，这些图片展示了秦始皇统一六国后在全国范围内推行的一系列改革措施。这些措施对于加强中央集权、促进经济发展和文化交流都具有重要意义。通过这些图片，学生可以更深刻地理解统一对于国家治理和文化整合的深远影响。

（三）史料互证

教师可以引导学生探索《史记》中关于秦始皇统一六国的记载与现代考古发现之间的联系与差异。通过对比分析，学生将学习如何利用不同来源的史料来验证和丰富历史事实。例如，教师可以将《史记》中关于秦军征战的描述与兵马俑的实际形象进行对照，让学生观察两者之间的一致性和差异性，从而理解史料的价值和局限性。

教师可以组织学生进行小组讨论，探讨秦始皇统一六国带来的正面与负面影响。在这一过程中，学生将被鼓励从多个角度审视历史事件，包括政治、经济、文化和社会等方面。正面影响包括结束了长期的战乱、统一了度量衡和货币、促进了经济和文化的交流，而负面影响涉及对六国文化的破坏、严苛的法律和重税赋等。通过这样的讨论，能够培养学生形成辩证思维，学会全面、客观地评价历史事件。

（四）叙史见人

在历史的长河中，个体的作用不容忽视，特别是那些在关键时刻做出重大决策的历史人物。在本次课程中，教师将聚焦秦始皇和他的谋士李斯，通过讲述他们的故事，揭示这些人物在历史进程中扮演的角色。秦始皇的雄心壮志和李斯的智慧策略，共同推动了中国历史上的第一次大一统。教师通过讲述他们的故事，让学生理解这些历史人物的决策如何影响了历史的走向。

三、教学方法

（一）讲授法

讲授法作为历史教学的传统方式，其核心在于教师通过口头讲解和史料展示，向学生传授历史知识。在讲述秦始皇统一六国这一重大历史事件时，教师能够利用《史记》等古代文献、考古实物以及现代研究成果，构建起一个立体的历史场景，使学生对事件有一个全面的认识。这种方法的优势在于它能够系统地传递信息，帮助学生把握历史发展的主线和关键点。

为了使讲授更加引人入胜，教师可以借助多媒体技术，如幻灯片、视频资料和历史图片等，丰富教学内容，增强视觉效果，提高学生的学习兴趣。在讲授的同时，教师应适时地提出问题，促进学生主动思考，避免单纯的知识灌输。比如，在讲解秦始皇推行中央集权制度时，教师可以引导学生探讨这一制度对中国历史发展的长远影响，鼓励学生从政治、经济、文化等多个角度进行分析，从而培养他们的历史分析能力。

（二）讨论法

讨论法主张将课堂的主导权交给学生，激发他们主动探究历史的热情。这种方法让学生在史料分析和讨论中扮演主角，通过小组合作来深化对历史问题的理解。在探讨秦始皇统一六国这一主题时，学生被分成若干小组，每组聚焦不同的讨论点，这样的分工能够让学生从多角度深入挖掘历史的内涵。

每个小组负责搜集和分析与自己主题相关的史料，探讨这些历史事件如何塑造了现代中国。他们需要将收集到的资料和分析结果整理成报告，并在班级中进行展示。这个过程不仅加深了学生对秦始皇统一六国历史意义的认识，而且锻炼了他们的团队协作能力和口头表达能力。

（三）案例分析法

案例分析法着重于培养学生对历史事件的深入理解和解释能力。这种方法通过精选具有代表性的史料，鼓励学生进行细致的分析，以发展他们的历史思维。例如，在探讨秦始皇统一六国的课题时，教师可以挑选《史记》中的一段关键记载，或是某件与秦始皇相关的考古文物，作为分析的核心材料。

学生的任务是从这些史料中提取关键信息，并结合当时的历史背景，形成自己对事件的解释。这要求学生不仅要理解史料字面的意义，还要探究其深层的历史和文化含义。

通过案例分析，学生不仅能够学习到如何运用史料进行历史研究，还能够培养独立思考和解决问题的能力。这种方法有助于学生形成对历史的深层次理解，为他们日后的学术研究和生活实践打下坚实的基础。

四、教学评价

（一）过程评价

过程评价是教学中旨在通过观察学生在讨论和分析史料过程中的表现，来评估他们的参与度和思维活跃度。在课堂上，教师可以通过多种方式来进行观察，以便更好地了解学生的学习状态。

在讨论过程中，教师应关注学生是否积极参与到小组讨论中。参与度高的学生通常会主动发言，分享自己的观点和见解，甚至提出有深度的问题。这种积极性不仅反映了他们对历史事件的兴趣，也表明他们在思考和理解方面的投入。教师可以通过记录每位学生的发言次数和质量，来评估他们在讨论中的参与情况。

思维活跃度同样是过程评价的重要指标。教师可以观察学生在讨论中是否能够提出独特的见解，是否能够从不同的角度分析问题。例如，在讨论秦始皇统一六国的影响时，学生会从政治、经济、文化等多个维度进行探讨。那些能够灵活运用所学知识，提出新观点的学生，往往表现出更高的思维活跃度。

教师还可以通过提问来激发学生的思维，观察他们的反应和思考过程。有效的问题不仅能够引导学生深入思考，还能促使他们进行更深入的讨论。教师可以关注学生在回答问题时的逻辑性和条理性，评估他们的思维深度和广度。

（二）结果评价

结果评价是衡量学生学习成效的重要手段，它通过课后作业和小测试来评估学生对知识的掌握以及对史料的分析能力。这种评价方式能够直接反映学生对知识的掌握程度和他们的理解深度。

课后作业是结果评价的重要组成部分，它要求学生将课堂上学到的知识和技能应用到实际问题中。例如，教师可以布置学生撰写关于秦始皇统一六国的历史意义的文章，或者要求他们对某一特定史料进行深入分析。通过这些作业，教师可以评估学生是否能够准确理解历史事件，是否能够合理运用史料进行论证，以及他们的历史思维和写作能力。

小测试则是另一种有效的结果评价方式，它可以帮助教师快速了解学生对知识点的掌握情况。这些测试可以包括选择题、简答题和材料分析题等多种类型，旨在考查学生对历史事件的理解能力和分析史料的能力。通过测试，教师可以发现学生在哪些方面存在不足，从而及时调整教学策略，提供更有针对性的指导。

五、教学反思

（一）史料选择

在历史教学中，教师需要认真反思所选史料的代表性和典型性，以确保它们能够有效支撑教学目标。首先，教师应确保所选史料涵盖教学内容的关键点，全面展现秦始皇统一六国的历史背景、过程和影响。这意味着所选的史料不仅要反映事件的基本事实，还要能够揭示其背后的深层次原因和历史意义。

其次，教师应考虑史料的多样性，包括文献、实物、图片和口述史料等。这种多样化的选择能够为学生提供丰富的视角，帮助他们从不同的角度理解历史事件。例如，文献资料可以提供详细的历史记载，而实物和图片则可以让学生直观感受到历史的真实面貌，口述史料则能够引入个人的历史体验，增加课堂的生动性和趣味性。

最后，教师还应评估所选史料的难易程度，确保其适合学生的认知水平。史料的复杂性和专业术语可能会影响学生的理解，因此教师需要选择那些既能挑战学生思维，又不至于让他们感到困惑的材料。

（二）学生反馈

学生反馈对于优化教学方法和提升教学质量具有不可替代的价值。教师应通过多种途径积极收集学生的反馈，包括问卷调查、课后讨论等，以深入了解学生对史料运用的感受和建议。这种反馈机制能够帮助教师评估史料分析是否激发了学生的学习兴趣，以及讨论和案例分析是否有效促进了学生的历史学习。

教师需要密切关注学生对史料分析的态度，了解他们是否认为这一过程既有趣味性又有教育意义。同时，教师也应认真听取学生在史料分析中遇到的具体困难，比如对某些史料内容的理解障碍，或是在分析过程中感到指导不足。这些宝贵的反馈信息将指导教师对教学内容和方法进行必要的调整，以更贴合学生的学习需求。

通过学生反馈，教师可以发现哪些教学环节最受欢迎，哪些需要改进。例如，如果学生普遍反映某个史料分析活动过于复杂，教师可以考虑简化活动流程或提供更多的引导。反之，如果学生对某个讨论主题表现出极高的热情，教师可以在未来的课程设计中增加类似的互动环节。

第二节　中国近代史教学中的史料运用

在中国近代史的教学中，针对鸦片战争的史料，我们可以进行以下教学设计。

一、教学目标

（一）知识与能力目标

在高中历史教学中，关于鸦片战争的知识与能力目标，旨在使学生对这一关键历史事件有深刻的理解。学生将探究鸦片战争爆发前夕的国际背景，包括西方列强的殖民扩张活动和中国的封闭政策。学生需要认识到清朝晚期政府的腐败和无能，这种统治如何导致国家力量的衰退，以及这种衰退为外来侵略提供了机会。

学生还要理解鸦片走私对中国社会造成的深远影响，包括对经济的破坏和人民健康的恶化。同时，他们将学习清政府如何通过禁烟运动来应对这一危机，以及这一运动如何成为战争爆发的导火索。

在掌握战争的基本过程方面，学生将了解鸦片战争的主要事件、转折点和最终结果。他们需要分析战争对中国社会、政治和经济的长期影响，认识到这场战争不仅是军事上的失败，更是中国近代史的转折点，标志着中国从封建社会向半殖民地半封建社会的转变。

（二）过程与方法目标

高中历史教学致力于培养学生的历史思维能力，特别是通过分析史料来形成深入的历史理解能力。这种方法的目标是让学生学会如何从历史的角度审视问题，即"历史地"看问题，这意味着他们需要将事件放在特定的历史背景中去理解，考虑当时的社会、政治、经济和文化条件。

学生将通过接触原始史料，如文献、地图、图片和个人回忆录，来锻炼自己的分析思维能力。这些史料不仅是历史知识的来源，也是训练学生如何从原始材料中提取信息、形成论点和构建历史叙述的工具。

教学过程还强调培养学生"透过现象看本质"的能力，即教会学生如何识别和分析历史事件背后的深层次原因和动机。这要求学生不仅要关注事件的表面现象，还要探究其背后的社会结构、经济利益和政治动态。通过这种方式，学生能够更全面地理解历史事件的复杂性，以及它们如何塑造了今天的世界。

（三）情感态度与价值观目标

在高中历史课程中，关于鸦片战争的教学不仅要传授学生知识，更要触及学生的情感和价值观。教师通过对这一历史事件的深入讲解，旨在激发学生的爱国情感，让他们深刻体会到国家独立与民族尊严的不可侵犯性。

教师将引导学生回顾鸦片战争期间中国人民的苦难与抗争，通过历史文献、影像资料等多种形式，让学生感受到那个时代的悲壮与不屈。这种情感的体验有助于学生建立起对历史的情感共鸣，从而激发他们对国家的深厚情感和对民族的自豪感。

同时，通过对战争后果的分析，学生将认识到国家主权和民族尊严对于一个国家和民族生存发展的重要性。这种认识将促使学生思考如何在全球化的今天维护国家的独立和民族的尊严，以及如何在国际舞台上捍卫国家利益。

历史教学还强调历史责任感的培养，鼓励学生思考作为当代青年，他们能为国家的繁荣和民族的复兴做些什么。

二、教学重难点

（一）重点

在教授鸦片战争这一课题时，教学的核心内容集中在战争的起因及其对当时社会的深刻影响。探讨鸦片战争的根本原因，需要深入了解19世纪初的国际背景，特别是英国工业革命后对中国市场的需求与清朝的闭关锁国政策之间的矛盾。这种矛盾导致了贸易不平衡，英国为了扭转贸易逆差，开始向中国大量走私鸦片，严重破坏了中国的社会经济和人民健康。

鸦片战争的直接原因则是清朝政府为了保护国家利益和人民福祉，采取了禁烟政策，尤其是林则徐在广州的禁烟行动，直接触发了中英之间的军事冲突。这场战争不仅是军事上的较量，更是文化、经济和政治上的碰撞。

鸦片战争不仅导致了中国领土和主权的丧失，还迫使中国签订了不平等条约，开启了中国近代史上的屈辱篇章。《南京条约》的签订使中国被迫开放多个通商口岸，支付巨额赔款，严重损害了中国的国家利益。同时，战争也暴露了清朝政府的腐朽和落后，激发了民族意识的觉醒，促使中国社会开始寻求变革，为后来的洋务运动和戊戌变法等改革奠定了基础。鸦片战争成为中国从封建社会向近代社会转变的重要标志，对中国历史进程产生了深远的影响。通过深入分析这些重点，学生能够更全面地理解鸦片战争的历史意义，以及它在中国乃至世界历史中的地位。

（二）难点

在高中历史教学中，引导学生全面理解鸦片战争的复杂性和多维度特征是一个难点。鸦片战争不仅是一场军事冲突，还具有深远的政治、经济和文化影响，标志着中国从封建社会向半殖民地半封建社会的转变。教学中，教师要帮助学生超越单一的历史视角，从全球史观、社会史观、文化史观等多个角度分析这场战争。

从全球史观的角度看，鸦片战争是19世纪全球贸易和帝国主义扩张的产物，它揭示了当时国际力量对比的变化和不平等的国际关系。从社会史观的角度看，战争对中国社会结构和人民生活产生了深刻影响，包括经济的破坏、社会的动荡。从文化史观的角度看，鸦片战争挑战了中国传统的文化自信，促使中国知识分子开始反思和寻求变革。

教学中，教师可以采用多种教学方法来突破这一难点。例如，教师通过比较分析中英两国在战争前后的政治、经济和军事状况，帮助学生理解战争的国际背景。学生通过讨论战争对中国社会的具体影响，如不平等条约的签订、通商口岸的开放等，认识到战争对中国社会结构的深远影响。教师通过引入当时的文化作品和思想流派，引导学生探讨战争如何引发中国知识分子的文化自省和思想变革。

教师还可以引导学生探讨鸦片战争对中国现代化进程的影响，以及它在全球化背景下的意义。通过这些多角度的分析，学生能够更深刻地理解鸦片战争在中国近代史上的重要地位和意义，从而形成全面、立体的历史认识。

三、教学过程

（一）导入新课

在教授鸦片战争这一课题时，导入环节能够为学生提供一个直观的历史背景，激发他们的学习兴趣。教师可以利用多媒体展示鸦片战争前后的地图和历史照片，这些视觉史料能够直观地展示战争对中国版图的影响，以及战争前后社会风貌的变化。

通过这些史料，教师可以引导学生观察并思考战争前后中国与世界的关系，以及中国内部的变化。例如，教师展示战争前的中国地图，让学生注意到中国的疆域和封闭的国门；而展示战争后的地图，则可以让学生看到不平等条约导致的领土割让和通商口岸的开放。历史照片则可以展示战争的残酷、人民的苦难以及社会秩序的混乱，让学生对战争有更深刻的感受。

这种观察和讨论活动能够激发学生的好奇心，促使他们提出问题，如"为什么中国会输掉这场战争？""战争对中国社会造成了哪些影响？""战争后的中国发生了什么变化？"等。这些问题不仅能够引导学生深入思考，还能够为后续的教学内容作铺垫。

（二）新课讲授

在讲授鸦片战争这一课时，教学活动的设计旨在增强学生对历史事件的理解和分析能力。通过史料分析，教师可以展示《南京条约》的原文，让学生直接接触历史文献，分析条约的具体条款及其对中国的深远影响。这种活动不仅能够提高学生的文献解读能力，还能让他们理解不平等条约对中国主权和利益的损害。

角色扮演活动能够让学生更加生动地理解鸦片战争的复杂背景。学生可以分别扮演清朝官员和英国商人，通过模拟谈判和辩论，探讨战争的直接原因和双方的立场。这种互动式学习能够增强学生的历史同理心，帮助他们从不同视角审视历史事件，理解各方的利益和动机。

小组讨论是培养学生合作能力的有效方式。学生被分成不同小组，每组选择与鸦片战争相关的不同史料，如当时的报道或个人回忆录，进行分析和讨论。这种活动鼓励学生主动探索历史，从多种史料中提取信息，形成自己的观点，并在班级中汇报。这不仅能够提高学生的沟通和表达能力，还能让他们学会如何基于证据构建论点。

（三）史料实证

在史料实证环节，教师将引导学生深入接触和分析多样化的一手史料，以此来提升他们的历史研究能力。这一环节的核心在于培养学生对史料的识别、分析和应用能力，从而增强他们的史料实证素养。

教师可以展示一系列来自不同途径的史料，例如外国记者的现场报道、当时的政府文件、个人书信和日记等。这些史料为学生提供了多维度的视角，帮助他们从不同角度理解鸦片战争的历史情境。学生需要学会如何从这些史料中提取信息，识别史料的可靠性和差异性，并据此构建对历史事件的全面理解。

例如，通过比较外国记者的报道和清朝官方的记录，学生可以发现两者在描述同一事件时的差异，从而认识到不同立场和利益如何影响历史的记载。同时，通过分析当时的政府文件，学生可以更深入地理解清朝政府的政策和决策过程，以及这些决策如何影响了战争的进程和结果。

教师还可以引导学生探讨这些史料的价值和局限性，鼓励他们提出问题，比如"这份史料是由谁撰写的？""撰写者可能有哪些偏见？""这份史料如何帮助我们理解鸦片战争？"等。通过这样的探讨，学生将学会如何批判性地评估史料，并将其作为理解历史的工具。

（四）情感态度培养

通过观看与鸦片战争相关的纪录片，教师能够有效地引导学生感受战争的残酷和中国人民所经历的苦难，从而激发他们的爱国情感和历史责任感。

纪录片通常通过生动的影像和真实的历史资料，展示战争的惨烈场面和人民的苦难。这些片段包括战争前后的社会状况、普通百姓的生活困境以及战斗中的英勇抗争。通过这些直观的画面，学生能够更深刻地理解鸦片战争对中国社会造成的巨大冲击，认识到在这场战争中，许多无辜的生命被卷入了历史的旋涡。

在观看过程中，教师可以适时停顿，鼓励学生分享他们的感受和想法。通过讨论，学生可以表达对历史事件的看法，分享他们对战争带来的痛苦和不公的理解。这种互动不仅能够增强学生的情感共鸣，还能帮助他们形成对历史的深刻反思。

教师还可以引导学生思考战争对国家和民族的影响，强调捍卫国家独立和民族尊严的重要性。通过对历史的反思，学生将意识到作为当代青年，他们肩负着传承历史、维护国家利益的责任。这种历史责任感和使命感能够激励他们在未来的学习和生活中积极参与社会事务，关注国家的发展。

（五）课堂总结

在课堂总结阶段，教师的作用是将学生在课堂上的讨论和观点进行整合，并进一步强调这场战争在中国近代史上的重要地位及其对现代中国的深远影响。

总结时，首先教师回顾学生在课堂上提出的各种观点，无论是对战争原因的分析、对条约内容的讨论，还是对战争影响的反思，这些都是学生对历史深入理解和思考的体现。教师可以指出学生讨论中的亮点，如对不平等条约影响的深刻认识，对战争背景下中外力量对比的分析，以及对中国人民抗争精神的赞赏。

其次，教师要强调鸦片战争作为中国近代史的转折点，不仅标志着中国从封建社会向半殖民地半封建社会的转变，也开启了中国近代化的艰难探索。这场战争暴露了清朝政府的腐朽和落后，激发了民族意识的觉醒，促使中国社会开始寻求变革，为后来的洋务运动、戊戌变法、辛亥革命等一系列变革埋下了伏笔。

再次，教师要指出鸦片战争对现代中国的影响，如影响了中国的国家认同、民族精神以及在国际社会中的地位。这场战争的历史教训提醒着每一个中国人，国家的强大和民族的复兴需要不懈的努力和奋斗。

最后，教师要鼓励学生将课堂上学到的知识与现实生活联系起来，思考如何在全球化的背景下维护国家利益，以及如何从历史中汲取力量，为实现中华民族伟大复兴贡献自己的力量。

四、作业与延伸

（一）作业设计

作业要求学生撰写一篇题为《我看鸦片战争》的小作文，旨在培养学生独立思考和学术写作能力。这个作业要求学生综合课堂上学到的知识，结合自己的观点和思考，从多个角度分析鸦片战争。这不仅包括战争的政治、经济和军事影响，还涉及文化、社会以及对现代中国的影响。学生需要在论文中展现出他们对史料的理解和分析能力，以及如何将这些历史知识与现实世界联系起来。

在撰写过程中，学生将学会如何搜集证据、组织材料和逻辑表达。教师可以提供一些写作指导，比如如何使用史料来支持论点，如何进行合理的论证，以及如何避免历史研究中的常见误区。

（二）延伸活动设计

延伸活动是组织学生参观历史博物馆，尤其是那些有鸦片战争相关展览的博物馆。这样的实地考察能够让学生亲身体验历史，感受那个时代的氛围。在博物馆中，学生可以近距离观察与鸦片战争相关的历史文物、图片和文献，这些直观的展品能够加深学生对战争历史背景和细节的理解。

在参观过程中，教师可以设计一些互动环节，比如让学生根据展品提出问题、进行小组讨论或者完成特定的研究任务。这样的活动不仅能够提高学生的参与度，还能锻炼他们的观察和分析能力。

延伸活动还可以包括与博物馆工作人员的交流，了解展品的来历和历史价值，以及它们在历史研究中的作用。这种交流不仅能够让学生对历史研究有更深入的认识，还能够帮助他们建立起对历史学者工作的尊重和理解。

第三节　世界史教学中的史料运用

在世界史的教学中，针对古希腊的史料，我们可以进行以下教学设计。

一、教学内容

在高中历史教学中，参考《中外历史纲要（下）》第 2 课"古代世界的帝国与文明的交流"，古希腊民主政治是其中至关重要的内容。它不仅能帮助学生了解古代政治制度的独特形态，更能让学生深入探究其对现代政治的深远影响。

教材中详细阐述了古希腊尤其是雅典的民主政治被视为西方民主政治的源头。在这一时期，公民大会作为城邦最高权力机构，所有成年男性公民都有权在其中发言和投票，决定城邦重大事务，这体现了直接民主的原则。同时，陪审团制度、行政官员选举制度等，都是民主原则的初步实践。这种直接民主形式虽受公民人数、财产资格等限制，却为后来的代议制民主奠定了基础，现代政治中的选举制度、议会制度等，都能从中找到根源。

教材还强调，古希腊民主政治对个人自由和公民权利的重视，在现代民主国家中依旧是政治生活的重要组成部分。不过，古希腊民主政治也存在局限性，如对妇女、奴隶和外邦人的排除，这也促使现代政治在追求民主时更注重包容性和平等性。通过学习教材中关于古希腊民主政治的内容，学生能更好地理解民主政治的演变历程，认识到民主制度的复杂多样，在对教材内容的分析探究中，培养历史思维与分析能力，提升历史学科核心素养。

二、教学重难点

（一）重点

古希腊民主政治，尤其是雅典模式，以其独特的实践和理念，对后世政治制度产生了深远的影响。其核心特征在于直接民主，即所有成年男性公民都有机会直接参与城邦的政治决策。这种政治形式通过公民大会实现，公民大会是城邦的最高权力机构，负责制定法律和决定战争等重大事务，体现了集体决策和公民直接参与的政治原则。

轮流执政是古希腊民主政治的另一显著特点，官员通过抽签而非选举产生，旨在防止权力集中和腐败。法律至上的原则也是古希腊民主政治的重要组成部分，确保了法律面前人人平等，为社会秩序和公正提供了基础。

这些特征对现代政治的影响是显而易见的。现代民主国家的政治制度，如选举制度、代议制、法治原则等，都可以追溯到古希腊民主的影子。古希腊民主政治对公民参与和公民权利的重视，也为现代民主政治中公民自由和平等的理念提供了思想基础。

（二）难点

古希腊民主政治虽然在历史上具有开创性的意义，但它的实践存在一定的局限。古希腊的民主实际上是一种有限的民主，只有成年男性公民享有参与政治的权利，妇女、奴隶和外邦人被排除在民主过程之外。这种排他性限制了民主的普遍性和包容性，使得古希腊的民主政治并不能代表社会所有成员的利益和声音。

古希腊民主政治的直接民主形式在实践中也暴露出一些问题。由于公民人数众多，直接民主容易导致决策的短视和非理性，这在现代政治中被认为是一种风险，因此更多采用代议制民主来平衡。古希腊城邦的规模较小，人口有限，这使得直接民主成为可能，但在更大规模的社会中，这种模式则难以实施。

古希腊民主政治的政治稳定性也是一个问题。城邦之间以及城邦内部的纷争，加之外部战争的影响，使得政治环境时常动荡不安，这种不稳定性给民主政治的健康运行带来了挑战。

三、教学过程

（一）导入新课

在导入新课环节，教师可以通过生动的史料展示来吸引学生的注意力。教师可以展示一幅古希腊城邦的地图，让学生直观地看到各个城邦的分布及其地理特征；还可以展示雅典卫城的图片，突出其壮丽的建筑和深厚的文化底蕴。这些视觉材料不仅能够帮助学生建立对古希腊的空间认知，还能激发他们对这一历史时期的兴趣。

在展示完地图和图片后，教师可以通过提问引导学生思考。例如，教师可以询问学生对古希腊的初步印象是什么，鼓励他们分享自己对古希腊文化、政治和社会的看法。这样的互动不仅能活跃课堂气氛，还能让学生在讨论中表达自己的观点，增强参与感。

接下来，教师可以引导学生思考地理环境对政治制度的影响，可以提出一些引导性问题，例如："古希腊的地理环境是怎样的？它对城邦的形成和发展有什么影响？"通过这些问题，学生可以分析古希腊的地理特征，如山脉、海洋和气候等如何影响城邦之间的联系与竞争，进而影响其政治制度的形成。

（二）新课讲授

在新课讲授环节，教师可以通过深入分析史料来引导学生理解古希腊民主政治的理论基础。教师选取柏拉图和亚里士多德关于民主政治的著作片段，这些经典文献为学生提供了直接的理论视角。柏拉图在《理想国》中对民主政治持批判态度，认为它可能导致社会混乱和无序；而亚里士多德在《政治学》中则对不同类型的政体进行了分类和分析，他对民主政治的看法更为复杂，既指出其优点，也分析了其可能导致的问题。

通过这些著作片段，学生可以探讨古希腊民主政治的理论基础，包括公民参与、法治、平等和自由等。教师可以引导学生分析这些理论是如何在古希腊的政治实践中得到体现的，以及它们对现代政治理论的影响。

教师可以结合史料讲述古希腊城邦的形成和民主政治的发展过程，可以介绍古希腊城邦是如何从部落社会中发展而来，以及它们如何逐渐形成了各自独特的政治制度。教师应特别强调历史背景的重要性，比如古希腊的地理环境、经济发展和文化传统如何塑造了城邦的政治结构。

（三）小组讨论

在小组讨论环节，教师将学生分成若干小组，每组分发包含法律文献、艺术作品和考古发现的史料。这些史料是探讨古希腊民主政治实践的关键证据，能够帮助学生从多个角度理解古希腊民主政治的实际运作。法律文献展示了古希腊的法律体系和公民权利，艺术作品反映了当时社会的价值观念和政治理想，而考古发现则提供了物质文化的证据，如陶器上的绘画、雕塑和建筑遗迹，这些都揭示了古希腊民主政治的社会基础和文化表现。

学生的任务是分析这些史料如何体现古希腊民主政治的具体实践，例如公民大会的运作、陪审团的构成以及公民在政治决策中的角色。通过讨论，学生可以深入探讨史料中的细节，如法律文献中对公民资格的定义、艺术作品中对政治场景的描绘，以及考古发现中对公共空间的使用情况。

在各小组分享讨论结果时，教师可以指出学生分析中的亮点和不足，同时提出问题，促使学生进一步思考史料的价值和局限性。例如，教师可以询问学生如何确定史料的可靠性，以及如何从不同史料中提取一致的历史信息。教师还可以引导学生讨论史料的局限性，如艺术作品可能受到当时政治氛围的影响，法律文献可能只反映了特定社会阶层的观点。

（四）课堂总结

在课堂总结阶段，教师将整合学生在小组讨论中提出的观点，并结合丰富的史料，对古希腊民主政治的核心特征及其对现代政治的深远影响进行深入分析。在这一过程中，学生能够看到古希腊民主政治的实践如何在法律文献、艺术作品和考古发现中得到体现，以及这些实践如何塑造了现代政治制度的基本原则，如公民参与、法治和政治平等。

教师应强调古希腊民主政治的直接参与性质，以及它如何为现代民主政治中的选举制度和代议制提供了原型。同时，教师也应指出古希腊民主政治的局限性，如对妇女、奴隶和外邦人的排除，以及这些局限性如何促使现代政治制度更加注重包容性和平等性。

在情感升华方面，教师将引导学生体会历史的重要性。通过深入分析史料，学生能够感受到历史不仅仅是过去的故事，而且是活生生地影响着当下和未来。这种对历史的深刻理解能够激发学生对历史的热爱，让他们对文化遗产产生尊重。

四、教学反思

（一）史料的选择

在教授古希腊民主政治时，精选史料是构建有效教学框架的关键。所选史料须精准捕捉古希腊民主的本质，同时保证信息的科学性和准确性。这要求教师在准备课程时需要进行广泛的资料搜集工作，覆盖从原始文献到现代学术研究、从考古资料到艺术创作等多个维度。教师必须对这些史料进行细致甄别，挑选出最具代表性和解释力的材料，以避免传达片面或误导性的内容。

选择史料时，教师还需考虑学生的认知水平和兴趣，挑选能够激发学生思考和参与积极性的材料。这意味着史料不仅要在学术上站得住脚，还要能够吸引学生的兴趣，促使他们积极地与材料互动。例如，教师可以通过引人入胜的故事、戏剧性的叙述或视觉冲击力强的图片，来提高学生对古希腊民主政治的认识和理解。

（二）学生的参与

学生不应仅仅是知识的接受者，而应成为学习过程的主动参与者。为此，教师需要设计能够激发学生好奇心和探究欲的开放式问题和互动活动。通过小组合作学习，学生可以共同分析史料，形成自己的见解，并在班级中进行交流和讨论。这样的教学策略不仅提升了学生的参与感，也锻炼了他们的批判性思维与沟通技巧。

在这一过程中，教师通过提出有启发性的问题并提供及时反馈，引导学生深入挖掘史料背后的含义，帮助他们建立起对历史知识的深层次理解。教师的提问应该旨在激发学生的思考，而不是简单地寻求正确答案，这样可以鼓励学生从多个角度审视问题，培养他们的独立思考能力。

教师应鼓励学生不盲目接受任何信息，而是学会质疑和验证。这种学习方式有助于学生认识到历史知识的复杂性，理解历史解释的多样性。通过这种方式，学生不仅能够更深入地理解古希腊民主政治，还能够将这种分析技能应用到其他历史事件的学习中。

第四节 综合实践活动中的史料运用

一、综合实践活动中的史料运用案例

（一）历史剧的编排与表演

在编排和表演历史剧时，学生必须进行深入的史料研究，以确保剧情的准确性和合理性。例如，编排关于辛亥革命的剧目，学生需要搜集当时的报纸、日记、信件等第一手史料，以及历史学家的分析和解读等第二手史料。这些史料能帮助学生更深入地理解事件背景、人物性格和动机，以及事件的发展脉络。

在表演过程中，学生不仅要重现历史事件，还要展示他们对史料的理解和分析，这有助于提升他们的历史感知。通过角色扮演，学生能够亲身体验历史人物的决策过程和心理活动，从而更深刻地理解历史事件的复杂性和多维性。这种教学方式不仅让学生在表演中学习历史，还培养了他们的研究能力和表达

能力，使他们能够将历史知识与现实生活联系起来，形成更为全面的历史认识。

（二）历史调查项目

历史调查是培养学生研究能力的重要途径，它鼓励学生深入探究特定的历史事件或现象。在这一过程中，学生需要搜集和分析史料，撰写研究报告，并进行口头报告。例如，教师要引导学生调查当地在抗日战争时期的抵抗活动。为此，学生需要亲自前往图书馆、档案馆，甚至进行实地考察，以搜集第一手的史料。

在搜集史料的过程中，学生将学习如何辨别史料的真实性，从多个角度解读史料，并构建有力的论证。这些技能对于他们的历史研究至关重要。通过撰写研究报告，学生能够锻炼自己的分析和写作能力，而口头报告则进一步提升了他们的表达能力。

（三）模拟法庭

模拟法庭是让学生通过扮演历史人物参与模拟审判，以此探讨和理解历史事件。在这一活动中，学生必须深入挖掘和研究相关史料，以此为基础构建自己的辩护或控诉论点。例如，模拟审判法国大革命期间的路易十六出逃事件，学生需要搜集当时的法律文件、审判记录和个人陈述等，这些史料对于理解案件的背景和争议点至关重要。

通过模拟审判，学生将学会如何运用史料来支持自己的立场，并有效地反驳对方的观点。这种活动锻炼了学生对史料的理解和运用能力，同时也培养了他们的逻辑思维和辩论技巧。在模拟法庭上，学生不仅要展示他们对历史事件的深入理解，还要展现他们的口头表达能力。

这种教学活动不仅提高了学生的历史素养，还增强了他们解决问题的能力。通过模拟法庭，学生能够在一个安全的环境中尝试不同的角色并表达不同的观点，这有助于他们发展同理心和多角度思考问题的能力。

二、综合实践活动中史料运用的挑战与对策

（一）史料的获取

史料的获取是教学中的首要问题。由于第一手史料的稀缺性，教师往往难以获取到足够的原始资料。为了解决这一问题，教师可以采取以下几种对策。

1.利用数字化资源

随着信息技术的发展，许多历史文献和资料已经被数字化。教师可以引导学生通过在线数据库、电子图书馆等渠道获取史料，如国家古籍数字化资源总

平台提供了《永乐大典》等珍贵文献的高清影像数据库，以及《齐鲁文库》利用大数据和 OCR 识别技术优化呈现方式，增强传播力。

2.使用高质量复制品

对于那些无法直接获取的原始史料，可以采用高质量的复制品或图片作为替代。博物馆中陈列的复制品，如敦煌壁画的高仿真展览，不仅保护了原件，还提供了更清晰的视觉效果。复制品的使用，如故宫文创的仿甜白釉暗花缠枝莲托八吉祥纹碗，反映了博物馆功能定位的转变，更贴近大众文化空间。

（二）史料的解读

学生在解读史料时可能缺乏必要的能力，这就需要教师提供专业的指导。

1.背景知识教学

教师需要教授学生如何深入分析史料的背景、作者的意图以及史料的历史价值。这包括理解史料形成的时代背景、社会环境和作者的立场。通过这种教学，学生能够更好地理解史料的深层含义及其在当时社会中的作用。

2.精细化阅读训练

在解读史料时，教师应指导学生如何抓住重点内容，并在阅读过程中对史料中的时间、地点、人物等关键信息进行标注。这种精细化阅读训练有助于学生更准确地捕捉和理解史料的细节，从而提高他们的分析能力。

3.史料实证核心素养的培养

教师应在教学设计和课堂教学中融入史料实证的核心素养。这包括提升学生分析鉴别史料的能力，使他们能够从史料中提取有效信息，并形成以史实为依据、史论结合的证据意识。

第六章　史料教学中学生能力的培养

第一节　提升学生的史料解读能力

在高中历史教学中，培养学生的史料解读能力是核心任务之一。史料是历史的直接证据，是学生认识历史、理解历史的基础。

一、史料解读能力的构成

史料实证是历史学科核心素养的重要组成部分，它涉及学生如何从历史材料中获取信息、分析信息，并最终形成对历史的深刻理解。

（一）信息提取能力

信息提取能力是解读史料的基石，它要求学生在面对繁杂的史料时，能够迅速捕捉到核心信息。这种能力不仅涉及阅读技巧，还包括对史料背景、语境和作者意图的深刻理解。例如，在阅读古代文献时，学生必须识别出文献中的关键事件、人物、时间和地点等要素，并理解这些要素在历史脉络中的重要性。这要求学生不仅要有扎实的阅读基础，还要能够从宏观和微观两个层面去分析和理解史料，从而准确地把握历史事件的全貌。

（二）分析判断能力

分析判断能力是学生在历史学习中不可或缺的技能，它要求学生对从史料中提取的信息进行细致的分析，并评估其真实性和可信度。这一过程要求学生不仅要有扎实的历史知识，还要能够识别史料中可能存在的偏见、错误或不完整的信息。学生必须运用逻辑推理的方法，通过对比不同来源的史料来验证信息的一致性，从而确保所获知识的准确性。

（三）综合归纳能力

综合归纳能力是学生在历史学习中将分散的史料信息融合成一个连贯、全面的历史史实的关键技能。这种能力要求学生超越对单一史料的解读，将不同来源和角度的史料信息进行交叉对比和整合，以构建出一个立体的历史图景。在这一过程中，学生必须学会如何从多维度分析史料，这不仅包括对单一史料的深入理解，还涉及对多个史料之间的关联性和差异性的识别。通过这种方法，学生能够揭示不同史料之间的相互补充或相互矛盾之处，进而对某一历史事件或现象形成一个更加全面和深入的认识。

（四）历史思维能力

历史思维能力是学生在历史学科中运用专业方法和理论来解读和分析史料的核心能力。这种能力使学生能够深入探讨历史事件的因果链，推测历史人物行为背后的动机，并探索历史发展的潜在规律。它不仅要求学生掌握丰富的历史知识，更重要的是能够灵活运用这些知识来解释历史现象，形成个人对历史的理解。

历史思维能力还涉及对历史人物行为的深入分析。学生需要考虑历史人物的个人背景、时代环境以及可能的动机，从而更全面地理解他们的行为。这种分析有助于学生理解历史人物的决策过程，以及这些决策如何影响历史的发展。

二、史料解读能力的提升策略

（一）创设情境

在历史课堂中，教师可以通过创设历史情境来提升学生的史料解读能力。这种方法通过模拟历史事件，让学生仿佛置身于历史现场，从而增强他们对学习内容的兴趣和实践参与度。教师可以利用这种教学策略，让学生在模拟的历史背景下，更深入地理解史料，并掌握其背后的历史真相。

例如，教师可以组织角色扮演活动，让学生扮演历史上的关键人物。在这种活动中，学生需要从第一人称的角度出发，去解读和分析史料，这样的体验能够极大地激发学生的好奇心和探索精神，促使他们更加主动地投入史料的学习和解读中。这种互动式学习不仅提高了学生对史料的敏感度，还锻炼了他们从不同视角理解和分析问题的能力。

创设情境还可以通过多媒体教学、历史剧表演、现场考察等多种方式实现。这些活动能够让学生在直观感受历史的同时，学会如何从史料中提取信息，并将其与历史知识相结合，形成连贯的历史认识。

（二）问题导向

采用问题导向的教学策略在历史课堂上能够显著提升学生的史料解读能力。这种方法通过提出与课程内容紧密相关的问题，激励学生主动探索史料，寻找问题的答案，增强他们解读史料的主动性和目标性。教师精心设计的问题能够引导学生深入挖掘史料，培养他们独立思考和解决问题的能力，这对于学生的历史学习和思维发展至关重要。

在这种教学模式下,学生不再是被动接受知识的听众,而是变成了积极寻求答案的探索者。他们需要通过阅读、分析和比较不同的史料,来构建对历史事件的理解。这样的过程不仅锻炼了学生的史料解读技能,还帮助他们建立起历史知识之间的内在联系,从而能够全面地理解和分析历史事件。

问题导向的教学策略还鼓励学生从多个角度审视历史,这有助于他们形成更为立体和深入的历史认识。学生在寻找答案的过程中,会自然而然地接触到不同的观点和解释,这促使他们学会运用批判性思维,评估各种史料的可靠性和价值。通过这种方式,学生能够学会如何将分散的史料信息整合起来,构建起一个连贯的历史叙述。

（三）反馈与修正

教师可以通过多种方式,如课堂讨论和作业批改,对学生的解读成果进行细致的评价,并提供具体的反馈。这样的反馈机制不仅帮助学生意识到自己在解读过程中的误区和不足,还能指导他们如何进行有效的修正和改进。

有效的反馈能够促进学生的自我反思,使他们能够从错误中学习,从而提高史料解读的准确性。在这一过程中,教师应提供具体、建设性的反馈,能够指出学生解读中的具体问题,并提供改进的方向。

通过不断的反馈和修正,学生能够逐步培养出更加敏锐的史料解读能力。这种能力的提升是一个动态的过程,需要学生在实践中不断尝试和调整。教师的及时反馈为学生提供了宝贵的学习机会,使他们能够在每一次的尝试中都有所收获,逐渐提升自己的历史理解和分析能力。

第二节　培养学生的历史思维能力

历史思维能力不仅有助于学生更好地理解历史,而且能够促进他们形成独立的思考和判断能力,为他们未来的学习和生活打下坚实的基础。

一、历史思维能力的重要性

（一）理解历史

历史思维能力是学生理解历史事件核心的工具,它超越了简单的事实记忆,使学生能够洞察事件背后的深层含义。这种能力促使学生探究历史事件的背景,分析其发生的原因，并评估其长远的影响。

在传统的历史学习中，学生更多地被要求记忆日期、人物和事件，而缺乏对这些历史片段背后复杂性的探讨。历史思维能力则要求学生不仅要知其然，更要知其所以然。这意味着学生需要理解特定历史事件发生的社会、政治和经济背景，以及这些因素如何相互作用，共同推动历史的发展。

例如，当探讨美国内战时，具备历史思维能力的学生不仅会记住战争的起止年份和主要战役，还会深入研究导致战争的奴隶制问题、州权与联邦权力的冲突，以及战争对美国社会、政治和经济的深远影响。这种深入的分析帮助学生构建起对历史事件更为全面和立体的认识。

历史思维能力还鼓励学生从不同的角度审视历史，理解不同群体和个体在历史进程中的作用和体验。这种多维度的视角有助于学生认识到历史的复杂性和多样性，避免简化历史事件，从而形成更加成熟和全面的历史理解。

（二）跨学科联系

历史思维能力不仅仅局限于对过去的单纯回顾，它还涉及将历史知识与其他学科领域相结合，从而构建起一个跨学科的视角。这种能力使学生能够从更宽广的视角来理解历史事件，认识到历史与地理、政治、经济、文化等学科之间的相互联系和影响。

通过跨学科的学习方法，学生能够将历史事件放在更广阔的背景中进行考察。例如，在研究工业革命时，学生不仅要学习其历史背景，还可以结合地理学来探讨资源分布如何影响工业发展，利用经济学理论来分析工业革命对经济结构的转变，或者从社会学角度来理解这一时期社会阶层和劳动关系的变化。这种跨学科的视角有助于学生形成对历史事件更全面的认识，理解历史是如何塑造现代社会的。

历史思维能力还能帮助学生在不同学科之间建立联系，促进知识的整合。这种整合不仅能够加深学生对历史的理解，还能提高他们解决复杂问题的能力。在面对现实世界的问题时，学生能够运用跨学科的知识，从历史的角度进行分析，从而提出更加深刻和全面的解决方案。

例如，当探讨全球化对现代世界的影响时，学生可以结合历史知识来理解全球化的起源和发展，同时运用经济学和政治学的知识来分析全球化对经济和政治的影响。这种跨学科的分析能够使学生更好地理解全球化的复杂性和多面性，以及全球化如何塑造了我们今天所生活的世界。

（三）现实应用

历史思维能力是一种将历史知识与现实问题相联系的重要技能，它使学生能够从历史中汲取智慧，以应对和解决当下的挑战。这种能力使学生不仅仅停留在对过去的了解，而且能够将历史经验与现实情境相结合，从而提高他们分析和解决现实问题的能力。

历史思维能力使学生可以识别出历史事件与当前社会、政治和经济问题之间的相似之处。例如，在学习冷战时期的历史时，学生可以探讨当时的国际关系如何影响当今世界的格局，以及冷战时期的意识形态冲突如何在今天的国际政治中继续发挥作用。这种分析有助于学生理解历史事件的长期影响，并从中提取出对现实世界有指导意义的教训。

历史思维能力还鼓励学生从历史中寻找解决现实问题的方法。历史提供了丰富的案例库，学生可以通过分析历史上成功和失败的案例，学习如何应对类似的现代挑战。例如，研究历史上的环境保护运动可以为学生提供关于如何应对气候变化的见解和策略。

二、培养历史思维能力的方法

在高中历史教学中，培养学生的历史思维能力是一项核心任务，它对学生全面理解历史、提升综合素养起着关键作用。历史思维能力并非天生具备，而需要通过科学有效的教学方法来培育。

（一）情境教学法

情境教学法旨在为学生营造逼真的历史场景，让学生犹如置身于特定的历史时期，亲身感受历史人物的所思所想，进而深刻理解历史事件。教师可借助角色扮演、模拟法庭以及历史重现等互动形式达成这一目标。

以学习"辛亥革命"为例，教师组织学生进行角色扮演活动，分别扮演孙中山、袁世凯、立宪派代表以及普通民众等角色。在模拟武昌起义后的局势讨论中，扮演孙中山的学生要依据当时的革命形势、海外支持以及革命理念等因素，阐述继续推进革命、建立民主共和的观点；扮演袁世凯的学生则须从自身政治野心、北洋军实力以及对局势的把控等方面，分析如何利用革命形势谋取自身利益；扮演立宪派代表的学生要表达对君主立宪和民主共和的复杂态度；扮演普通民众角色的学生则要诉说在社会动荡下的生活状况与期望。通过这样的角色扮演，学生能够真切体会到辛亥革命时期各方势力的博弈，以及复杂的政治、社会背景对历史走向的影响。

情境教学法能够极大地激发学生的好奇心和参与热情，让他们从被动的知识接受者转变为主动的探索者。在模拟情境中，学生需要主动收集资料、分析问题，进而提出解决方案，这一过程有助于锻炼他们独立思考和解决问题的能力。同时，学生还能从不同角色的立场出发，理解不同群体在历史进程中的作用和体验，培养同理心，避免单一视角的局限，从而形成更为全面和成熟的历史认知。

（二）问题导向学习法

问题导向学习法以富有挑战性的问题为驱动，促使学生主动探究历史问题。教师提出的问题要能够激发学生的思考，引导他们走出课本，通过多种渠道收集资料，深入研究历史。

比如在学习"新航路开辟"时，教师提问："新航路开辟对世界历史进程产生了革命性影响，其背后的根本原因是什么？"学生为了回答这一问题，需要查阅地理大发现时期的航海日志、探险家传记等原始资料，了解当时航海技术的突破、对未知世界的探索欲望；研究历史档案，探寻欧洲各国的经济需求、政治野心以及宗教扩张的动力；阅读学术论文，参考不同学者对新航路开辟原因的多元解读。在收集和分析资料的过程中，学生逐渐认识到新航路开辟是多种因素共同作用的结果，包括欧洲商品经济发展对黄金的渴望、奥斯曼帝国对传统商路的阻碍、航海技术的进步以及传播基督教的热情等。

问题导向学习法有助于培养学生的独立思考能力，他们在寻找答案的过程中，需要对不同来源的信息进行评估，辨别其中的偏见和局限性，从而形成自己独特的见解。小组合作形式在这种学习方法中较为常见，学生们通过交流想法、协调分工、共同解决问题，能够提升团队协作能力，从不同角度看待问题，拓宽思维视野。

（三）史料分析法

史料是历史研究的基石，史料分析法是培养历史思维能力的关键环节。教师要指导学生如何深入研究和解读各类历史文献、档案、文物等史料，使其掌握识别史料来源、性质和价值的方法，学会辨别信息的真伪，理解史料背后的立场和偏见。

例如，在分析"五四运动"的史料时，教师提供《新青年》杂志中关于五四运动的报道、学生运动的传单、北洋政府的档案以及外国媒体的评论等不同类型的史料。学生需要阅读《新青年》的报道，了解新文化运动倡导者对五四运动的支持和对青年学生的鼓舞；分析学生运动传单，感受青年学生的爱国热情和对帝国主义、封建主义的强烈批判；研究北洋政府档案，了解政府对运动的态度和应对措施；研读外国媒体评论，从国际视角审视五四运动的影响。在这一过程中，学生思考不同史料的来源和目的，如《新青年》作为新文化运动的阵地，报道旨在推动思想解放和社会变革；北洋政府档案可能存在对自身行为的掩饰和对运动的歪曲；外国媒体评论可能受本国利益和价值观的影响。

通过这样的分析，学生学会从多方面考量史料，将不同来源的史料相互印证，识别和校正可能存在的偏差，从而构建起对历史事件独立、客观且全面的理解，形成更加均衡和深入的历史观点。

（四）历史辩论法

历史辩论法是提升学生辩证分析能力的有效手段。在辩论过程中，学生围绕特定的历史议题，提出自己的论点，并运用确凿的历史证据加以支持，同时还要反驳对方观点。

以"评价拿破仑对外战争"为例，正方观点可能强调拿破仑对外战争传播了法国大革命的思想，打击了欧洲封建势力，推动了欧洲社会的进步，如在占领地区推行《拿破仑法典》，促进了当地法律制度的现代化；反方则会指出拿破仑对外战争本质上是侵略战争，给被占领国家和地区带来了巨大灾难，造成了大量人员伤亡和财产损失，激起了民族主义反抗情绪。学生在辩论前，需要广泛收集资料，从政治、经济、文化、军事等多个角度梳理拿破仑对外战争的影响；在辩论中，清晰阐述自己的观点，敏锐捕捉对方论点的漏洞并进行有力反驳。

通过历史辩论，学生学会构建有说服力的论证，精准识别和运用历史证据，有效反驳对方观点，深入挖掘历史事件的复杂性，理解不同历史解释的合理性，进而形成独立判断。

（五）历史写作法

历史写作法要求学生将对历史事件的研究和分析转化为书面表达。在写作过程中，学生需要广泛阅读和研究相关历史文献，分析不同历史学家的观点，构建对历史事件或问题的全面理解，并通过清晰、有逻辑的文字阐述自己的见解。

比如在撰写"工业革命对英国社会的影响"时，学生需要查阅英国工业革命时期的工厂生产记录、工人生活状况调查、社会改革法案以及学者的研究著作等资料，分析不同学者对工业革命在经济增长、社会结构变化、环境污染、工人运动兴起等方面的观点。如有的学者强调工业革命带来的经济腾飞和技术进步,有的则关注工业革命引发的社会矛盾和环境问题。然后,学生将这些复杂的历史信息和分析进行条理化,构建有逻辑的论证结构,合理组织文章,运用恰当的历史术语,清晰表达复杂的历史概念,使用证据支持自己的观点。

历史写作法不仅能提高学生的语言表达能力,还能培养他们的逻辑思维能力和论证技巧,增强其将复杂思想传达给读者的能力。

三、具体教学策略

在高中历史教学中,为有效培养学生的历史思维能力,除了运用科学的教学方法,还需搭配切实可行的教学策略。以下从课程设计、课堂互动、教学资源利用等方面详细阐述。

(一)优化课程设计,构建知识体系

课程设计应遵循历史发展的脉络,从宏观到微观,帮助学生构建完整的历史知识体系。教师在备课过程中,要对教材内容进行深度整合,将分散的知识点串联成有机的整体。例如,在讲授中国古代史时,以朝代更迭为时间线,将政治制度演变、经济发展状况、文化思想传承等内容融入其中。从先秦时期的分封制与宗法制,到秦汉大一统下的中央集权制度确立;从隋唐的繁荣昌盛及其经济、文化成就,到明清时期的政治强化与社会转型。通过这样的整合,学生能清晰地看到历史发展的连续性和阶段性,理解不同历史时期各要素之间的相互关系,从而培养宏观的历史思维。

(二)组织多样化课堂互动

课堂互动是激发学生学习兴趣、培养历史思维能力的重要途径。除了前文提到的角色扮演、小组讨论、历史辩论等形式,教师还可以开展历史故事分享会,鼓励学生在课后收集历史故事,在课堂上进行讲述,并引导他们分析故事背后的历史背景、人物动机以及对历史进程的影响。比如学生分享"鸿门宴"的故事,教师可引导大家探讨项羽和刘邦在当时的政治局势下不同的决策动机,以及这一事件对楚汉争霸局势的影响。此外,教师还可以组织历史知识竞赛,设置与历史事件、人物、文化等相关的题目,以小组为单位进行竞赛。这种方式既能巩固学生的历史知识,又能培养他们的竞争意识和团队合作精神,在紧张有趣的氛围中形成历史思维。

(三)合理利用多媒体资源

多媒体资源能为历史教学带来丰富的视觉和听觉体验,使历史知识更加生

动形象。教师可以利用历史纪录片，如《河西走廊》《楚国八百年》等，让学生直观感受历史事件的场景和历史人物的风采。在观看纪录片后，教师组织学生讨论片中展现的历史现象和问题，加深其对历史的理解。同时，教师借助地图软件展示历史事件的地理位置和发展轨迹。如在讲述亚历山大东征时，教师通过动态地图展示其行军路线，让学生清晰地看到其征服区域的扩张，理解地理因素对历史事件的影响。教师还可以利用历史图片、音频等资源，如展示古代绘画作品，让学生从艺术角度感受历史时期的社会风貌；播放历史人物的演讲音频，增强学生对历史的代入感。

（四）开展历史实践活动

历史实践活动能让学生走出课堂，亲身感受历史的魅力。教师可以组织学生参观历史博物馆、纪念馆、古迹遗址等。例如，通过参观当地的历史博物馆，学生能近距离观察历史文物，了解文物背后的历史故事和文化内涵。在参观过程中，教师可以提前布置任务，让学生带着问题去观察，如"从这件文物中能看出当时的社会生产水平如何？"参观结束后，教师组织学生撰写参观报告，分享自己的收获和思考。教师还可以开展历史调查活动，让学生调查本地的历史变迁、家族历史等。通过采访老人、查阅地方文献等方式收集资料，学生的史料收集和分析能力逐渐增强，从身边的历史中培养历史思维能力。

第三节　引导学生形成独立判断力

历史教学不仅仅是对过去事件的简单回顾，更是对过去事件的分析、理解和评价。在这个过程中，教师培养学生的独立判断力，能够帮助他们更好地理解历史的复杂性，形成自己的观点和看法。

一、培养自主学习能力

培养自主学习能力是教育过程中的目标之一，尤其是在高中阶段，学生即将面临大学和职业生涯的挑战，自主学习能力将成为他们成功的关键因素。

（一）设定明确的学习目标

在高中历史教学中，确立清晰的学习目标是培养学生自主学习能力的首要步骤。教师应指导学生制定具体、可量化且切实可行的学习目标，这些目标还须与学生个人的兴趣和需求紧密结合。例如，教师可以设定一个学期目标，要求学生在学期结束时能够独立地分析某个历史事件的起因和结果。这样的目标不仅能够引导学生有方向地学习，还能帮助他们自我监督学习进展。

明确的目标有助于学生将精力集中在特定的学习任务上，减少无效的学习行为，同时提供了一个清晰的框架，让学生能够识别和衡量自己的学习成果。目标的设定还应鼓励学生参与到学习过程中，使他们成为自己学习路径的主导者。

为了使目标更加具体，教师可以指导学生将大目标分解为一系列小目标，如每周阅读一定数量的历史资料、每月完成一项历史研究项目等。这些小目标不仅易于管理和实现，还能让学生在达成每个小目标时获得成就感，从而激励他们继续前进。

同时，教师应鼓励学生将学习目标与个人发展相结合。例如，对于那些对法律感兴趣的学生，教师可以引导他们深入研究历史中的法律变革，并将此与现代法律体系联系起来。这样的个性化目标不仅能够提高学生的学习动力，还能帮助他们将历史知识与现实世界联系起来。

（二）提供多样化的学习资源

在高中历史教学中，教师应确保资源的多样性，包括书籍、学术文章、纪录片以及在线课程等，以便学生能够从多个视角探索历史，增强他们的理解和分析能力。例如，在探讨工业革命这一主题时，教师可以推荐与该时期相关的高质量纪录片和在线讲座，这些资源能够以直观的方式帮助学生理解历史事件的影响。

多样化的学习资源能够增加学生对历史知识的兴趣。通过接触不同来源和类型的资料，学生能够学会辨别信息的可靠性，评估不同观点，并形成自己的见解。教师可以引导学生如何有效地利用图书馆、在线数据库和其他电子资源，以培养他们独立检索信息的能力。

教师还可以鼓励学生参与资源的搜集和分享。例如，教师可以分配给学生不同的任务，让他们去发现与课程相关的新资源。这样的活动不仅能够增强学生的参与感，还能让他们在寻找资源的过程中学习到如何评估和选择信息。

在线资源的引入，尤其是互动性强的平台，可以为学生提供更加灵活和个性化的学习体验。通过在线课程和虚拟博物馆，学生可以在任何时间、任何地点访问历史资料，这极大地提高了学习的便利性。同时，这些资源通常包含互动元素，如模拟活动和讨论论坛，这些都能进一步促进学生的参与和思考。

（三）鼓励独立研究

在高中历史教学中，教师应鼓励学生挑选自己感兴趣的历史议题，进行深入的个人研究。在此过程中，教师要把研究的主导权交给学生。这样的独立研究不仅能够让学生更深入地挖掘历史问题，还能锻炼他们的独立思考和批判性判断能力。

通过独立研究，学生能够学会如何提出问题、搜集资料、分析信息，并最终形成自己的见解。这一过程要求学生主动寻找答案，而不是被动接受知识，从而培养他们的探究精神和解决问题的能力。教师可以引导学生如何制订研究计划，如何利用图书馆和在线数据库检索资料，以及如何评估资料的可靠性和相关性。

教师还可以通过设置研究展示环节，让学生有机会分享他们的研究成果。这种展示不仅能够增强学生的自信心，还能让他们从同伴那里获得反馈，进一步改进自己的研究。通过这种方式，学生能够在实践中学习如何清晰、有逻辑地表达自己的观点。

（四）教授有效的学习策略

在高中历史教学中，教师的角色不仅仅是传授知识，更重要的是教授学生有效的学习策略。这些策略包括时间管理、笔记技巧和信息组织等，能够帮助学生更高效地掌握学习内容和进度。

时间管理是学生需要掌握的关键技能之一。教师可以通过教授学生如何制订学习计划、设定优先级和使用时间管理工具（如日程表、待办事项列表）来更好地安排学习时间。通过这些方法，学生能够合理分配时间，避免临近考试时的紧张和焦虑。

笔记技巧也是提高学习效率的重要方面。教师可以向学生介绍不同的笔记方法，如康奈尔笔记法、大纲法和图表法等，帮助学生根据个人习惯和学习内容选择合适的笔记方式。有效的笔记不仅能够加深学生对知识点的理解，还能在复习时提供便利。

信息组织能力对于历史学习尤为重要。历史学科涉及大量的事实、事件和概念，教师可以教授学生如何使用概念图、时间线或分类法等工具来组织和整理复杂的历史信息。这些工具能够帮助学生清晰地看到历史事件之间的联系，加深对历史脉络的理解。

此外，教师还可以教授学生如何进行有效的自我测试和复习，如使用闪卡、定期复习笔记和参与小组讨论等。这些策略能够帮助学生巩固记忆，提高长期记忆的效果。

二、营造开放的学习环境

营造一个开放的学习环境能够促进学生的自主学习，激发他们的好奇心和创造力，同时培养他们独立判断的能力。

（一）鼓励探索和提问

在构建开放的学习环境时，教师激励学生进行探索和提问能够让他们感到自在，学生即使提出看似简单的问题也不会感到尴尬，因为任何疑问都是深化认知的起点。教师有责任营造一个包容和鼓励好奇心的氛围，让学生意识到提问是学习过程中的一个自然且必要的部分。

为了促进学生的提问，教师可以采取多种策略。例如，教师可以安排"问题时间"让学生提出问题，这样的"问题时间"可以是课堂的一部分，也可以是课后的讨论环节。教师应积极鼓励学生在课堂上主动发言，无论是对课程内容的疑问还是对某个历史事件的深入探讨。这种互动不仅能够增强学生的参与感，还能激发他们对历史学科的兴趣。

开放式问题也是激发学生提问的有效工具。在作业或课堂讨论中引入开放式问题，可以鼓励学生超越简单的记忆和重复，进行更深层次的思考。这些问题往往没有固定的答案，需要学生进行独立研究和分析，从而培养他们解决问题的能力。

教师还应该通过示范和引导，教会学生如何提出有质量的问题。这包括如何明确问题的重点、如何将问题与已知知识联系起来，以及如何通过问题来探索更广泛的主题。通过这样的训练，学生能够逐渐学会提出更加深入和有洞察力的问题。

（二）尊重多样性和差异性

在教学过程中，教师尊重学生的多样性和差异性是构建开放学习环境的重要组成部分。每位学生都带着独特的背景、经历和视角进入课堂，这些差异不仅是学习的挑战，更是宝贵的资源。教师应当充分认识到这一点，并在教学中积极尊重和包容学生的多样性，包括他们的观点、文化背景和学习风格。

教师应鼓励学生分享自己的文化背景和个人经历，这样可以丰富课堂讨论，增进同学之间的理解与尊重。当学生分享他们的观点时，其他同学能够从中获得新的视角，学会以更开放的态度看待历史事件。这种多元化的讨论能够帮助学生理解历史的复杂性，认识到同一事件可以被不同的人以不同的方式解读。

教师应考虑到学生的学习风格差异。一些学生倾向于视觉学习，而其他学生则可能更喜欢听觉学习或动手实践。通过提供多样化的学习材料和活动，教师可以满足不同学生的需求。例如，在讲解某一历史事件时，教师可以结合视频、图表、讨论和角色扮演等多种形式，让每个学生都能找到适合自己的学习方式。

教师还应尊重学生的观点，即使这些观点与主流看法相悖。通过鼓励学生表达不同的看法，教师能够让他们学会分析和评估各种观点的合理性。这种包容性不仅有助于学生形成独立的思考能力，也能增强他们的自信心，使他们在表达自己的想法时更加从容。

（三）提供选择和自主权

在开放的学习环境中，学生能够选择自己感兴趣的主题进行研究，或者决定深入探讨的问题，这种自由度能够显著提升学生的参与感和投入度。

允许学生选择研究主题可以使他们的学习更加个性化。当学生能够围绕自己感兴趣的历史事件或人物进行研究时，他们会更加投入。例如，在学习某个历史时期时，教师可以让学生自主选择研究的焦点，可以是某个特定的战争、政治运动或文化现象。这种选择不仅能激发学生的好奇心，还能促使他们主动探索和深入理解相关知识。

教师可以提供多种研究方法供学生选择，如文献分析、实地考察、访谈或多媒体展示等。这样的灵活性使学生能够根据自己的学习风格和能力选择最适合自己的方法。此外，在评估方式上，教师可以允许学生选择如何展示他们的研究成果，比如通过书面报告、口头演讲、海报展示或视频制作等。这种自主选择的机会不仅能提高学生的学习动机，还能培养他们的创造力。

通过给予学生选择和自主权，教师能够帮助他们发展自我管理和决策能力。在这个过程中，学生不仅学习到了历史知识，还学会了如何设定目标、制订计划和评估自己的学习成果。

（四）促进合作学习

合作学习能够让学生在小组中共同探讨历史问题，通过集体智慧来探索问题的多面性。在小组讨论中，每个学生都有机会表达自己的观点，同时倾听和考虑他人的想法。这种多元化的交流有助于学生认识到不同视角的价值，学会尊重和欣赏多样性。

在合作项目中，学生需要共同规划、执行和评估一个项目，这要求他们分工合作、沟通协调。例如，一个历史研究项目可能需要学生一起收集资料、分析数据和撰写报告。在这个过程中，学生不仅能够认识到团队合作的重要性，还能在实践中提升自己的组织和领导能力。

同伴评价是合作学习的另一个重要方面，它让学生参与到彼此学习成果的评估中。通过这种方式，学生能够学会如何给予和接受建设性的反馈，这对于他们的自我反思和持续进步至关重要。

（五）利用技术资源

现代技术为开放学习环境提供了丰富的资源，教师可以充分利用各种在线资源、多媒体工具和社交媒体平台来丰富教学内容和方法。这些技术不仅使学习过程更加生动有趣，还能够帮助学生接触到更广泛的信息和多样的观点，从而提升他们的学习体验。

在线资源的使用极大地扩展了学生获取知识的途径。教师可以引导学生访问各种数字图书馆、学术数据库，这些资源提供了丰富的历史资料和研究成果。通过这些资源，学生能够深入了解特定历史事件、人物和背景，培养独立研究能力。

多媒体工具的引入能够使历史学习更加直观和生动。教师可以使用视频、音频和互动图表等多种形式来呈现历史内容。例如，观看历史纪录片或相关电影可以帮助学生更好地理解历史事件的情感和背景，而互动图表则可以清晰地展示事件之间的因果关系和时间线。这种多样化的呈现方式能够吸引学生的注意力，增强他们的学习动机。

社交媒体也可以作为学习的有力工具。教师可以利用社交媒体创建学习小组，让学生在平台上分享他们的研究成果、讨论问题或进行辩论。这种互动不仅能够促进学生之间的交流，还能帮助他们学会如何在公共平台上表达自己的观点和看法。

第四节　史料教学促进价值观教育

通过史料教学，教师可以引导学生深入理解历史事件的背景、过程和影响，从而培养学生的价值判断能力。

一、爱国主义教育

在高中历史课程中，爱国主义教育占据着核心地位。通过深入探讨中国近现代史上的关键事件和英雄人物，如辛亥革命和抗日战争，教师能够帮助学生领会这些历史节点的深远意义。例如，对于孙中山、毛泽东等革命领袖的介绍，教师可以展示他们的史料，让学生认识到这些人物在争取国家独立和民族解放中扮演的角色，进而激发学生的爱国情怀和民族自豪感。

在教学过程中，教师可以提出引人深思的问题，例如："孙中山如何引领辛亥革命？""在抗日战争期间中国人民如何展现出团结抗敌的精神？"。这些问题不仅能够促进学生对历史的深入理解，还能增强他们对国家的认同感和归属感。通过这样的教学方法，学生能够从历史中汲取力量，树立正确的国家观念，为将来成为有责任感的公民打下坚实的基础。

二、道德伦理教育

在高中历史教学中，道德伦理教育致力于培养学生的道德观念和伦理意识。教师通过历史人物的实际行为和决策，激发学生对道德和伦理问题的深入思考。例如，在学习岳飞抗金和文天祥抗元等历史事件时，教师可以引导学生探讨这些人物的行为是否道德正当，以及他们的行为如何影响了后世。

在这样的讨论中，学生被鼓励从多个角度审视历史人物的决策，评估其道德合理性，并考虑这些行为在当代社会中的意义。通过分析岳飞的忠诚与牺牲、文天祥的坚贞与不屈，学生可以学习到在面对国家危难时的责任感和道德勇气。这些讨论不仅帮助学生理解历史，而且教会学生如何在现实生活中识别和处理道德困境，做出符合伦理的决策。

通过这种教学方式，学生能够构建一套自己的道德框架，学会在复杂多变的社会环境中坚守道德原则，做出有益于社会和个人的正确选择。

三、和平与正义教育

和平与正义教育在高中历史教学中占据着举足轻重的地位，它旨在让学生深刻认识到和平的价值和正义的重要性。通过对历史上的重大战争和冲突，例如第一次世界大战和第二次世界大战的深入学习，教师能够引导学生理解战争对人类的深远影响，从而领悟和平的珍贵。

在这一过程中，教师可以利用丰富的史料，如文献、图片、视频等，展示战争带来的破坏和苦难，让学生直观感受到战争的残酷性。通过讨论战争对人类社会、经济、文化等方面的影响，学生可以更加深刻地认识到和平的重要性，并激发维护世界和平的责任感。

教师还可以通过提出启发性问题，如"战争对人类社会有哪些长远影响？""在全球化背景下，我们应如何共同维护世界和平？"等，引导学生进行深入思考。这些问题不仅能够帮助学生从历史中汲取教训，还能够促使他们思考如何在现实生活中维护和平与正义。

通过这样的教学活动，学生能够学会从历史的角度审视现实问题，培养对和平的珍视和对正义的追求。

四、多元文化教育

在高中历史教学中，多元文化教育致力于培养学生对不同文化价值观的包容和尊重。通过研究具有不同文化背景的历史事件，例如丝绸之路和郑和下西洋，教师能够向学生展示文化的丰富多样性和交流的重要性。

在探讨这些历史事件时，教师可以引导学生分析丝绸之路如何促进了东西方的贸易和文化交流，以及郑和下西洋如何加强了中国与世界的联系。通过这些讨论，学生可以了解到不同文化之间的互动和融合，从而培养国际视野和对不同文化的包容性。

教师可以提出一些引人深思的问题，比如："丝绸之路如何影响了东西方的文化和经济？""郑和的航海对全球历史有何深远影响？"。这些问题不仅能够帮助学生深入理解多元文化的价值，还能激发他们对不同文化背景的尊重和理解。

第七章　史料与高中历史探究式学习

第一节　以史料为基础的课堂探究活动设计

一、活动目标

在高中历史教学中,探究活动旨在让学生理解史料对于历史研究的重要性,这不仅涉及对历史事件的直接记录,还包括对这些记录的深入分析和解读。

探究活动旨在增强学生的历史解释能力,即如何根据史料构建历史事件的叙述,并对其背后的历史逻辑进行推理。这要求学生不仅要理解史料的字面意义,还要能够挖掘其深层含义,理解不同史料之间的联系和差异。

探究活动还希望促进学生对历史事件的深入理解,鼓励他们从多角度思考问题。这不仅有助于学生在学术上的成长,也为他们未来在复杂多变的社会环境中做出明智决策打下基础。

二、活动内容

（一）活动主题：探究辛亥革命的历史意义

本次活动的核心议题是深入探讨辛亥革命在中国近现代历史中的历史意义。之所以选择这一主题,不仅因为辛亥革命是中国历史上的一个关键转折点,结束了封建帝制,开启了共和新时代,而且由于其丰富的历史资料,为学生提供了从不同视角进行研究的机会。

辛亥革命不仅是一场政治变革,还深刻影响了中国社会的各个方面,包括经济、文化和思想。通过本次活动,学生将有机会接触到多样化的史料,如当时的报纸、信件、照片、政府文件等,这些史料能够帮助他们更全面地理解这一历史事件的复杂性和深远影响。

在探究过程中,教师鼓励学生去发现、分析并解读这些史料,从而构建起对辛亥革命多维度的认识。学生将学习如何从原始资料中提取信息,评估资料的可靠性,并在此基础上形成自己的历史解释。

（二）活动准备

在开展以辛亥革命为主题的探究活动前，教师和学生都需要进行充分的准备。教师需要搜集与辛亥革命相关的丰富史料，这包括但不限于历史文献、珍贵的图片资料以及具有时代特色的视频记录。这些史料将为学生提供直观的历史场景，帮助他们建立起对辛亥革命直观而深刻的认识。同时，教师还须编制一份详尽的探究指导手册，其中应包含明确的探究目标、步骤和方法，确保学生能够系统地进行史料研究和历史分析。

学生方面，需要进行分组合作，每组由4至5人组成，以便于讨论和协作。每个小组将选出一名组长，负责组织和协调小组内的分工与讨论，确保每个成员都能积极参与到探究活动中来。

（三）活动流程

1.导入阶段

活动开始，教师须通过简明扼要的介绍，为学生描绘出辛亥革命的历史背景，阐释其在中国近现代史上的重要地位。这一环节的目的是点燃学生对这一历史事件的好奇心和探究欲。随后，教师将引导学生思考一个核心问题："辛亥革命如何深刻地塑造了中国近现代史的走向？"这个问题将作为整个探究活动的主线，引导学生在后续的活动中深入挖掘史料，分析历史影响，形成自己的见解。

2.史料收集

在史料收集环节，学生将被分成若干小组，每组依据教师提前准备的史料清单，开始搜集与辛亥革命相关的资料。这一过程要求学生积极动手，主动寻找和整理史料。在此环节中，教师将向学生展示如何高效利用图书馆、在线数据库和互联网资源来搜集史料，确保学生能够独立地获取所需的信息。

3.史料分析

在史料分析环节，学生将围绕各自收集到的史料进行小组讨论，目的是从这些资料中提炼出关键信息和重要细节。这一过程要求学生不仅要仔细阅读和审视史料，还要学会如何从中识别出对理解辛亥革命至关重要的数据和观点。同时，教师将到各小组中答疑，并提供专业的指导和建议。

4.史料解读

在史料解读环节，学生将基于他们对史料的分析，着手撰写历史作文，深入探讨辛亥革命对中国历史发展的深远影响。在这一过程中，学生需要将收集到的史料转化为有力的论据，构建有逻辑性的论证，以清晰地表达他们对辛亥革命历史意义的理解。在此环节中，教师将提供细致的写作指导，着重强调论点的合理性和论据的确凿性，确保学生的写作既有深度又有说服力。

5. 交流分享

在交流分享环节，各小组将展示他们对辛亥革命的研究成果。每组须选出一名代表，向全班展示他们的研究过程和结论，这不仅包括他们如何收集和分析史料，还涉及他们对辛亥革命历史意义的独到见解。展示结束后，其他学生可以提出问题，进行互动讨论，而教师则提供专业的点评，指出展示中的亮点和需要改进的地方。这种开放式的讨论，不仅能够增强学生对历史事件的理解，还能锻炼他们的公共演讲能力。

6. 反思总结

在探究活动的尾声，学生将被引导进行深入的反思和总结。他们需要回顾整个活动过程，思考在史料收集、分析、解读和写作过程中所获得的知识和技能，以及这些经历如何帮助他们更深刻地理解辛亥革命的历史意义。学生可以分享他们的学习体会，包括成功之处和遇到的挑战，以及他们如何克服这些挑战。在这一环节中，教师将对学生的表现进行总结，指出学生在探究过程中的优点和不足。同时，教师还需要提供后续学习的指导建议，帮助学生明确未来学习的方向和目标。

三、活动评价

（一）过程评价

过程评价关注的是学生在整个探究活动中的参与度和合作情况。在史料收集阶段，教师需要观察学生是否能够积极寻找和利用各种资源，以及他们是否能够展现出良好的信息检索和筛选能力。在史料分析和解读阶段，教师应关注学生是否能够深入讨论史料，提出有见地的问题，并能够从不同角度审视史料的价值和局限性。教师还应评估学生在小组合作中的沟通和协作能力，包括他们是否能够尊重他人的观点，是否能够有效地表达自己的想法，以及是否能够共同解决问题。

（二）成果评价

成果评价旨在评估学生完成的历史作文的质量，这一评价主要从逻辑性、论据可靠性和写作规范性三个关键维度展开。逻辑性评价要求教师细致检查学生作文的结构是否条理清晰，论点是否合理成立，论据是否有效支撑论点，以及整个论证过程是否流畅连贯。这一环节强调的是学生如何将思想和观点有序地组织起来，形成有说服力的叙述。

论据可靠性评价则关注学生作文中使用的史料是否准确无误、来源是否权威可信，以及学生是否能够恰当地引用和解释这些史料。教师需要评估学生是否能够展现出对史料的深入理解和正确运用，这对于构建一个有根据、有深度的历史论述至关重要。

写作规范性评价涉及学生作文是否遵循了学术写作的基本规范，包括正确的文档格式、恰当的引用方式以及规范的语言使用。这不仅关系到作文的质量，也反映了学生对学术诚信和写作规范的尊重和理解。

（三）自我评价

自我评价是学生对自己在活动中的表现进行反思的过程。教师应鼓励学生从以下几个方面进行自我评价：学生需要反思自己在史料收集、分析和解读过程中的参与度，思考自己是否足够积极，是否能够主动学习和探索；学生需要评估自己在小组合作中的表现，包括沟通、协作和解决问题的能力；学生需要反思自己在撰写历史作文时的逻辑思考和写作技巧，思考自己是否能够清晰地表达观点，是否能够合理地使用论据支持论点；学生需要总结自己在活动中的收获和不足，明确自己在未来学习中需要改进的地方。

通过这样的评价，学生不仅能够了解自己在活动中的表现，还能够认识到自己的优势和不足，从而更好地规划自己的学习。同时，教师也能够根据评价结果调整教学策略，更好地满足学生的学习需求。

第二节　史料分析方法在探究式学习中的运用

高中历史课程旨在培养学生的历史思维能力和学科素养，史料分析作为历史学习的核心方法之一，对于实现教学目标具有关键作用。教师在教学中引导学生掌握科学的史料分析方法，能够帮助他们深入挖掘历史信息，理解历史发展的规律，提高历史解释和批判性思维能力。因此，探讨史料分析方法在高中历史教学中的运用具有重要的现实意义。

一、探究式学习中常用的史料分析方法

（一）史料解读方法

1.文字解读

对于文献史料，首先要引导学生进行文字解读，理解史料的基本内容。这

包括对字词含义、语法结构、修辞手法等的分析。例如，在学习《赤壁赋》时，学生需要理解文中的文言文词汇和句式，才能准确把握作者所表达的思想和情感，进而了解当时的社会文化背景。教师可以通过引导学生查阅字典、分析句子结构等方式，帮助学生掌握文字解读的方法。

2.图像解读

对于实物史料和一些带有图像的文献史料，如图画、地图等，教师需要引导学生进行图像解读。图像解读包括对图像的构图、色彩、符号等元素的分析，以及对图像所传达的历史信息的解读。例如，在分析《清明上河图》时，学生可以通过观察画面中人物的服饰、建筑的风格、商业活动的场景等，了解北宋时期的城市生活和经济发展状况。教师可以引导学生从不同角度观察图像，鼓励学生发表自己的见解，培养学生的观察力和想象力。

（二）史料考证方法

1.外部考证

外部考证主要是对史料的来源、作者、成书时间等进行考证，以确定史料的真实性和可靠性。例如，在研究《资治通鉴》时，学生需要了解司马光的生平、撰写该书的目的和背景，以及该书在流传过程中是否存在版本差异等问题。教师可以引导学生查阅相关的历史文献、学术著作，了解关于史料的研究成果，培养学生的证据意识和严谨的治学态度。

2.内部考证

内部考证是对史料内容的逻辑性、一致性进行分析，判断史料是否存在矛盾或不合理之处。例如，学生在分析不同史书中关于同一历史事件的记载时，如果发现存在差异，就需要通过内部考证来判断哪种记载更符合历史事实。教师可以引导学生对不同史料进行对比分析，从多个角度思考问题，培养学生的批判性思维能力。

（三）史料运用方法

1.以史证史

以史证史是指运用多种史料相互印证，来证明或解释历史事件、人物和现象。例如，在研究唐朝的科举制度时，学生可以同时查阅《新唐书》《旧唐书》等文献史料，以及一些唐代的墓志、碑刻等实物史料，从不同角度了解科举制度的实施情况和影响。通过以史证史，学生可以更全面、准确地认识历史，避免片面解读史料。

2.论从史出

论从史出是指根据对史料的分析和研究得出结论，而不是先有结论再去寻找史料支持。在教学中，教师要引导学生通过对史料的深入分析，挖掘其中蕴含的历史信息，然后在此基础上进行归纳、总结，得出合理的历史结论。例如，在学习工业革命时，教师让学生分析相关的历史文献、统计数据等史料，了解工业革命对生产力、生产关系、社会结构等方面的影响，从而得出工业革命是人类历史上一次重大变革的结论。

二、史料分析方法在探究式学习中的具体运用案例

（一）案例一："美国1787年宪法"的教学

在"美国1787年宪法"的教学中，教师可以提供以下史料：

1.文献史料：《美国1787年宪法》原文，华盛顿、麦迪逊等制宪会议代表的言论记录。

2.实物史料：美国国会大厦的图片、1787年宪法签署地的照片。

3.口述史料：关于美国宪法制定过程的历史故事、后人对美国宪法的评价。

首先，引导学生进行史料解读。教师让学生阅读《美国1787年宪法》原文，理解宪法的主要内容和条款；观察美国国会大厦的图片，了解美国政治制度的象征意义；听关于宪法制定过程的历史故事，感受当时的历史氛围。

然后，进行史料考证。教师引导学生查阅相关资料，了解制宪会议代表的背景和立场，分析他们的言论对宪法制定的影响；考证宪法原文在流传过程中是否存在修改和争议。

最后，运用史料分析方法得出结论。教师通过对多种史料的分析，让学生探讨美国1787年宪法的特点、意义和局限性，培养学生的历史思维能力和批判性思维能力。

（二）案例二："鸦片战争"的教学

在"鸦片战争"的教学中，教师可以提供以下史料：

1.文献史料：《南京条约》及相关附件的文本、林则徐的奏折、英国外交文件。

2.实物史料：鸦片烟具、英国军舰模型。

3.口述史料：鸦片战争亲历者的回忆视频、民间关于鸦片战争的传说。

在教学过程中，先让学生对史料进行解读。教师分析《南京条约》的条款，让学生了解其对中国社会的影响；让学生观察鸦片烟具和英国军舰模型，直观

感受鸦片战争的背景和冲突；让学生观看鸦片战争亲历者的回忆视频，从当事人的角度了解战争的过程。

接着进行史料考证。让学生对比林则徐的奏折和英国外交文件，分析双方对鸦片战争的不同看法和立场；让学生考证民间传说中关于鸦片战争的内容是否符合历史事实。

最后，运用史料分析方法。让学生以史证史，综合多种史料分析鸦片战争爆发的原因、性质和影响；论从史出，让学生根据对史料的分析得出鸦片战争是中国近代史开端的结论。

三、运用史料分析方法进行探究式学习的注意事项

（一）史料的选择要恰当

史料的选择要符合教学目标和学生的认知水平。教师要根据教学内容和学生的实际情况，选择具有代表性、典型性的史料，避免选择过于复杂或生僻的史料，以免增加学生的学习负担。同时，教师要注意史料的多样性，尽量涵盖不同类型的史料，以拓宽学生的视野。

（二）教师要发挥引导作用

在史料分析教学过程中，教师要发挥引导作用，帮助学生掌握史料分析方法。教师要提出有针对性的问题，引导学生思考，鼓励学生发表自己的见解，并及时给予反馈和指导。同时，教师要引导学生尊重历史事实，避免主观臆断和片面解读史料。

（三）培养学生的自主学习能力

史料分析教学的目的不仅是让学生掌握历史知识，更是培养学生的自主学习能力和历史思维能力。教师要引导学生学会自主收集、整理和分析史料，鼓励学生开展小组合作学习和探究性学习，让学生在实践中提高自己的能力。

第三节 史料选择与整合对历史探究式学习的影响

历史探究式学习是培养学生历史学科核心素养的重要途径，而史料作为历史学习的基础，其选择与整合直接关系到探究式学习的成效。在历史教学中，如何从浩如烟海的史料中选取恰当的内容，并将其有效地整合为一个有机的整体，以引导学生深入探究历史，是教育工作者面临的重要课题。研究史料选择

与整合对历史探究式学习的影响，有助于教师更好地把握教学方向，提高教学质量，促进学生全面发展。

一、史料选择对历史探究式学习的影响

（一）影响学生对历史知识的理解

1.准确性与可靠性

准确、可靠的史料是学生正确理解历史的基石。例如，在研究"文艺复兴"这一历史事件时，如果选择的史料是经过严格考证的当时的文学作品、艺术家的手稿等，学生就能从这些一手史料中直接感受到文艺复兴时期人们思想观念的变化，对人文主义精神有更准确的理解。相反，如果选取了一些未经考证的传说或后人带有主观偏见的解读作为史料，学生可能会对文艺复兴的本质和内涵产生误解。

2.代表性与典型性

具有代表性和典型性的史料能够帮助学生迅速抓住历史事件的核心。以"工业革命"的学习为例，选择英国纺织工厂的生产记录、瓦特蒸汽机的发明资料等典型史料，学生可以直观地了解工业革命在生产技术、生产组织形式等方面带来的巨大变革。这些史料能够代表工业革命的主要特征和发展趋势，有助于学生构建系统的历史知识体系。

（二）激发学生的探究兴趣

1.趣味性与多样性

有趣味性和多样性的史料能够激发学生的学习兴趣，使他们更积极地参与历史探究式学习。在讲授"古代丝绸之路"时，除了传统的文字史料，还可以引入一些反映丝绸之路贸易场景的壁画、沿途出土的文物图片以及相关的民间故事等。这些丰富多样的史料能够营造出浓厚的历史氛围，让学生仿佛置身于古代丝绸之路的繁华之中，从而激发他们对丝绸之路历史的探究欲望。

2.贴近学生生活

贴近学生生活的史料能够让学生感受到历史与现实的紧密联系，增强他们对历史的认同感。例如，在学习"近现代中国社会生活的变迁"时，教师可以选取学生身边常见的老照片、长辈的回忆等作为史料，让学生了解自己家庭和社区在不同历史时期的生活变化。这种贴近生活的史料能够引起学生的共鸣，使他们更主动地去探究历史背后的原因和规律。

（三）培养学生的批判性思维

1.多视角史料

提供多视角的史料能够引导学生从不同角度思考历史问题，培养他们的批判性思维能力。在研究"美国独立战争"时，教师可以提供美国方面关于独立战争的史料，还可引入英国方面对这一事件的记载和观点。学生通过对比分析不同视角的史料，能够发现其中的差异和矛盾，进而思考这些差异产生的原因，从而学会对历史事件进行客观、全面的评价。

2.存疑史料

教师适当引入一些存疑的史料，能够激发学生的质疑精神和探究意识。例如，在学习"秦始皇陵兵马俑的建造目的"时，教师除了介绍主流观点的史料外，还可以提供一些存在争议的研究资料。学生在面对这些存疑史料时，会主动查阅更多资料，进行深入分析和思考，尝试寻找答案。这种过程有助于培养学生的批判性思维和独立思考能力。

二、史料整合对历史探究式学习的影响

（一）构建完整的历史知识体系

1.时间维度整合

教师按照时间顺序对史料进行整合，能够帮助学生梳理历史发展的脉络，构建完整的历史知识体系。在学习"中国古代政治制度的演变"时，教师可以将先秦时期的分封制、宗法制以及明清时期的君主专制强化等不同历史时期的相关史料进行系统整理。学生通过对这些史料的分析，可以清晰地看到中国古代政治制度在不同阶段的特点和发展趋势，从而形成对中国古代政治制度演变的整体认识。

2.主题维度整合

教师围绕特定的历史主题对史料进行整合，能够加深学生对历史事件之间内在联系的理解。教师以"世界经济全球化"为主题，可以整合从新航路开辟、工业革命到当今世界经济一体化等不同时期与经济全球化相关的史料，包括贸易数据、国际组织的成立文件、跨国公司的发展资料等。通过对这些史料的综合分析，学生可以全面了解经济全球化的起源、发展过程以及带来的影响，认识到历史事件之间的关联性。

（二）培养学生的综合分析能力

1.多类型史料整合

教师将不同类型的史料进行整合，能够培养学生综合运用多种信息解决问题的能力。在研究"法国大革命"时，教师可以将文献史料（如《人权宣言》文本、革命时期的政府公告）、实物史料（如巴黎人民攻占巴士底狱的绘画、革命时期的徽章）和口述史料（如革命亲历者的回忆录）相结合。学生在分析这些不同类型史料的过程中，需要调动多种感官和思维方式，综合运用历史知识和技能，从而提高他们的综合分析能力。

2.跨学科史料整合

跨学科史料整合能够拓宽学生的视野，培养他们的跨学科思维能力。在学习"古代文明的交流与传播"时，教师可以整合历史学科与地理学科的相关史料，如古代丝绸之路的路线图（地理史料）、沿途不同文明的历史记载（历史史料）。通过对这些跨学科史料的分析，学生不仅能够了解古代文明交流的历史背景和过程，还能从地理环境的角度理解文明交流的原因和影响，培养他们的跨学科思维能力。

（三）促进学生历史解释能力的提升

1.史料关联与逻辑推导

教师通过对史料的整合，引导学生发现史料之间的关联，并进行逻辑推导，从而形成合理的历史解释。在学习"抗日战争"时，教师将日本侵华的各种暴行、中国军民的抗战事迹以及国际社会对中国抗战的态度相关史料进行整合。学生通过分析这些史料之间的因果关系，能够解释中国抗日战争胜利的原因、意义以及在世界反法西斯战争中的地位和作用，提升他们的历史解释能力。

2.多元观点融合

教师整合不同学者在不同文化背景下对同一历史事件的多元观点史料，能够让学生学会从多个角度进行历史解释。在研究"美国南北战争"时，教师除了介绍国内常见的观点史料外，还可以引入国外学者从不同视角对南北战争的研究成果。学生在分析这些多元观点史料的过程中，能够学会尊重不同的历史解释，拓宽自己的思维视野，提高历史解释的科学性和全面性。

三、史料选择与整合的策略与实践

（一）依据教学目标和学生实际选择史料

教师在选择史料时，要明确教学目标，根据教学内容和学生的认知水平、兴趣爱好等实际情况进行筛选。例如，在进行"古代希腊民主政治"的教学时，如果教学目标是让学生了解希腊民主政治的特点和局限性，教师可以选择伯里克利在阵亡将士葬礼上的演说、雅典公民大会的议事规则等史料，这些史料既符合教学目标，又适合学生的理解能力。

（二）运用信息技术整合史料

教师利用信息技术手段，如多媒体教学软件、在线数据库等，可以更方便地整合各种类型的史料。教师可以将文字、图片、音频、视频等不同形式的史料整合到一个教学课件中，为学生提供丰富多样的学习资源。同时，通过在线数据库，教师可以获取大量的历史资料，并对其进行筛选和整合，为学生的历史探究式学习提供更广阔的空间。

（三）引导学生参与史料选择与整合

在教学过程中，教师可以引导学生参与史料的选择与整合，培养他们的自主学习能力和合作探究能力。例如，教师可以组织学生开展小组探究活动，让学生根据探究主题自主收集、选择史料，并尝试将这些史料进行整合。在这个过程中，学生不仅能够提高自己的史料分析能力，还能学会与他人合作，共同完成学习任务。

四、案例分析：以"中国近代化的探索"为例

（一）史料选择

在"中国近代化的探索"教学中，教师选择了以下史料：

1.文献史料：《海国图志》、《资政新篇》、《劝学篇》、《民报》发刊词等文本，反映不同阶层对近代化的思考和主张。

2.实物史料：江南制造总局的机器模型、京师同文馆的照片等，直观展示近代化的实践成果。

3.口述史料：洋务运动亲历者后人的回忆、维新派人士后代的讲述等，从当事人的角度感受近代化探索的过程。

（二）史料整合

教师按照时间顺序和主题将这些史料进行整合，先展示鸦片战争后中国面临危机的史料，引出近代化探索的背景；然后依次呈现洋务运动、戊戌变法、辛亥革命等不同阶段的史料，引导学生分析各阶段近代化探索的特点、内容和影响；最后让学生综合所有史料，探讨中国近代化探索的规律和启示。

（三）教学效果

通过这样的史料选择与整合，学生对中国近代化的探索有了更全面、深入的理解。学生不仅掌握了相关的历史知识，还学会了从不同角度分析历史问题，提高了历史思维能力和综合分析能力。在课堂讨论和作业中，学生能够运用所学史料，对中国近代化探索的原因、过程和意义进行合理的历史解释，教学效果显著。

第八章　史料的科技化与数字化应用

第一节　数字史料的类型与获取方式

数字史料是指通过数字化技术处理和存储的历史资料,在历史研究中扮演着越来越重要的角色。

一、数字史料的类型

（一）文献史料

文献史料在数字史料中占据着核心地位,主要包括古籍、档案和报刊等传统纸质文献的数字化形式。通过扫描、拍照或录像技术,这些文献被转换成电子文件或数字媒体,便于保存、检索与分享。数字化古籍不仅保留了原始文献的外观,还实现了文献资源的集中化,显著提升了文献的可用性和效率。例如,中华书局推出的古籍数据库便是点校本古籍数字化的典范,使得这些珍贵文献得以在网络上被广泛访问和研究。这种数字化转型不仅保护了脆弱的纸质文献,还让全球的研究者和学者能够跨越地理限制,共享这些宝贵的历史资源。

（二）实物史料

实物史料通过数字化技术获得了新的生命。这些史料包括文物和历史遗迹,它们经过三维扫描等技术的处理,被转换成数字格式,使得人们能够在虚拟空间中进行观察和研究。这种数字化转型极大地减轻了对原始文物的物理损耗,同时也打破了地理限制,让世界各地的公众都能够在不直接接触实物的情况下,对这些珍贵文物进行深入研究和欣赏。例如,众多博物馆和考古遗址已经开始利用数字技术,创建了数字展览,通过高清晰度的图片和三维重建模型,让公众能够以一种全新的方式体验历史文物。这些数字化的实物史料不仅为教育和研究提供了便利,也为文物保护工作开辟了新的途径,使得文化遗产能够得到更广泛的传播和更有效的保存。

（三）影像史料

影像史料,涵盖照片与视频等形式,作为历史资料的重要组成部分,以其直观性在历史学研究中占据着不可替代的地位。这些影像资料不仅记录了历史场景和人物，还为研究者提供了一种生动的研究视角，使得历史事件和时代背景得以直观展现。随着数字技术的进步，影像史料的数字化和存储变得更加高效便捷，极大地丰富了历史研究的资源库。研究者可通过网络数据库轻松访问海量的历史影像资料，这为历史研究提供了极大的便利。例如，丝绸之路历史文化数字资源平台就是一个典型的例子，它提供了大量与丝绸之路相关的历史影像，使得研究者能够跨越时空限制，深入探索这一重要历史贸易路线的文化遗产。

（四）音频史料

音频史料，涵盖了历史人物的演讲、音乐作品、广播节目等多种形式的音频资料。这些资料经过数字化处理后，为历史研究提供了一个全新的维度，使得研究者能够在不同时间和地点进行研究。数字化的音频史料不仅便于存储和传播，还能够减少对原始录音物理介质的磨损，使得这些珍贵的历史资料得以保存。

音频史料的价值在于它们能够提供历史人物的声音，这对于理解历史事件的情感和氛围至关重要。例如，《孙中山及辛亥革命音频文献》一书的出版，标志着近代史中音频史料的发掘整理和研究应用的开始，为大众史学研究开辟了新路径。此外，音频史料的数字化也推动了跨学科研究的发展，历史研究者需要掌握数据挖掘、数据分析等方法，以实现历史研究与数字技术的紧密结合。

（五）数字人文成果

数字人文成果代表了数字技术在历史学研究中的创新应用，包括但不限于专题数据库和数字图书馆等形式。这些成果极大地拓展了学术资源的边界，并且引入了新的研究工具和方法。数字人文研究平台通过提供数据挖掘和文本分析等先进工具，使得研究者能够从海量史料中高效提取关键信息，从而深化对历史的理解和解读。

二、数字史料的获取方式

在数字化时代，数字史料的获取方式日益多样化，为历史研究提供了极大的便利。以下是几种主要的获取方式。

（一）在线数据库

在线数据库已成为学术研究不可或缺的资源，由众多学术机构和图书馆提供，包含了海量的历史文献资料。以中国文史数据库和中华书局的古籍数据库为例，这些平台使得研究者能够便捷地在线浏览和研究丰富的历史文献。这些数据库的内容不仅限于文字资料，还扩展到了图像、音频等多媒体史料，使得史料的种类和内容更加多元和全面。

这些在线数据库的建立，不仅为研究者提供了一个集中的资源平台，还通过数字化手段保护了珍贵文献免受物理损害。用户可以通过简单的搜索和筛选功能，快速定位到所需的史料，无论是学术论文、历史档案还是稀有的古籍，都能在这些数据库中找到。这些数据库通常具备高级检索功能，如关键词搜索、时间范围筛选等，极大地提高了研究效率。

（二）数字化图书馆

数字化图书馆项目是国家图书馆推进信息资源数字化、网络化的重要举措。通过这一项目，海量的文献资料被转换成数字格式，并通过互联网向公众开放，实现了资源的广泛共享。用户无论身处何地，都能通过电脑等终端设备，随时随地访问这些数字化的信息资源，极大地提高了文献的获取便利性。

数字化图书馆的服务模式，不仅让历史研究者能够跨越地理限制，访问国家图书馆丰富的藏书，也为公众提供了一个便捷的学习平台。这种模式的实施，使得历史研究不再局限于图书馆的物理空间，研究者可以在家中、办公室或任何有网络连接的地方，进行文献检索和研究工作。

数字化图书馆还提供了强大的检索工具，使得用户能够快速定位到所需的资料。这些工具包括全文搜索、高级检索选项以及个性化推荐等，帮助用户在海量的数字资源中迅速找到目标文献。数字化图书馆的建设和发展，不仅促进了信息资源的高效利用，也为历史学研究提供了新的视角和方法。

（三）专业网站与网络数据库

HathiTrust 数字化图书馆和 Archives Unbound 数据库等平台提供了丰富的数字化史料资源。这些资源不仅包括书籍和期刊，还涵盖了珍贵的手稿和档案，为历史研究提供了宝贵的第一手资料。

HathiTrust 数字化图书馆由美国多所高校和谷歌等机构联合开发，于 2008 年开始建设，是一个非营利性的电子图书馆。目前该馆已有数字化文献 1700 万余册，其中包括两万余册中文图书。HathiTrust 数字化图书馆通过集中存放伙伴机构的数字化馆藏，使得图书馆将其扫描的卷册、特殊馆藏或原生数字内容提供给更广泛的用户群体。

Archives Unbound 数据库为用户提供了一个能够快速检索到大量珍稀、权威、确凿的原始典藏资料的数字化资源平台，是学生和学者们深度研究 20 世纪及其早期的全球历史中最具焦点和确凿的权威文件的必备工具。该数据库收录了来自全球领先图书馆的海量图书、报纸和期刊，以及地图、图片和照片等多媒体资源，为历史研究提供了多维度的视角和专业的资料。

这些专业网站与网络数据库的建立，极大地促进了历史资料的数字化和共享，使研究者能够跨越地域限制，接触到更广泛的史料，不仅为历史研究提供了便利，也为文化遗产的保护和传承提供了新的途径。

（四）数字人文研究平台

数字人文研究平台是信息技术与人文学科交叉融合的产物，为研究者提供了强大的工具和环境，以便更高效地搜集、整理和分析史料。北京大学数字人文研究中心便是其中的佼佼者，其开发的文献溯源分析平台便是一个典型例子。该平台汇集了大量中国古代哲学经典著作的全文数据，并利用深度学习算法自动断分词汇，检查句子重文，进而在词句的经纬之中，厘清思想文化的嬗变过程。

这一平台的特色在于，它不仅提供了基础的浏览、检索和频率统计功能，还提供了文本重用、词共现、历时性等定量文化分析功能，并配备了多样化的可视化呈现。用户通过简单的点击操作，就能观察到思想演化的轨迹，从而为人文学者应用定量分析方法从事思想史和文化史研究提供了便利。

该平台还展示了与特定文献具有强互文关联的书籍网络、各章节在其他著作中的复用分布，以及若干例句在这些互文关联著作中的具体出现情况，借此观察唐以前典籍文献中所蕴含的思想观念在后世文献中的递相传播和演化。这种数据驱动的人文研究组合工具，极大地推进了人文学科研究方法的创新，使得研究者能够以全新的视角审视和解读历史文献，深化对历史和文化的理解。

（五）开放获取资源

开放获取资源如丝绸之路历史文化数字资源平台，为学术界提供了一个宝贵的研究宝库。该平台由兰州大学出版社和兰州大学敦煌学研究所共同开发，以丝绸之路的丰富历史文化为主题，汇集了图书、论文、图片、影像和史料文献等多种类型的数字资源。这些资源覆盖了历史地理、文物考古、文学艺术、方志文献以及中外交流等多个领域，旨在满足学术研究和文物保护机构的专业需求。

该平台的特色在于其"小、精、专"的六个专题数据库：丝绸之路历史地理数据库、丝绸之路文学艺术数据库、敦煌丝路文明与西域宗教文化数据库、丝绸之路文物考古数据库、欧亚历史文化数据库和丝绸之路方志文献数据库。

这些数据库不仅提供了丰富的文献资料，还通过电子地图技术直观展示了丝绸之路沿线的历史重镇和人文遗存，为研究者提供了标准、权威的地理信息服务。

平台还开发了"丝绸之路历史文化资源平台地理信息服务专题"模块，将沿线重要国家、城镇、文化遗址以空间地图形式展现，进一步增强了研究的地理信息支持。同时，平台还建立了"西行文献"史料文献专题频道，为丝绸之路历史文化研究者提供了第一手的文献资料。

（六）数字化档案文献项目

数字化档案文献项目在中国历史档案的保护与研究中扮演着举足轻重的角色。以"清代档案文献数据库"项目为例，这是由中国第一历史档案馆发起并实施的一项大规模数字化工程。该项目旨在将其馆藏的超过1000万件珍贵的清代档案文献进行数字化处理，这些档案文献包括了清代的政治、经济、文化、军事等多方面的记录，是研究清代历史不可或缺的第一手资料。

通过这一项目，中国第一历史档案馆利用最新的信息技术和古籍数字化技术，有计划、分步骤地对这些档案文献进行数字化，最终目标是构建一个规模宏大、功能全面的清代档案文献专业数据库。这一数据库的建设，不仅为研究人员提供了便捷的访问和检索渠道，也为档案文献的保护和传承提供了新的解决方案。

"清代档案文献数据库"项目的实施，标志着清代档案史料的刊行进入了信息化的新阶段。项目的第一期成果包括了《大清历朝实录》和《大清五部会典》的全文数字化，这些成果已经向海内外出版发行，并提供了单机版和网络版两种规格供用户使用。这些数字化的档案文献，不仅保存了历史档案的原始面貌，还通过全文检索功能，极大地提高了研究效率和深度。

此外，中国第一历史档案馆还开放了122万余条馆藏数字化档案目录，这一开放力度之大，为近年之最，显示了档案数字化在促进学术研究和历史资料共享方面的巨大潜力。

第二节　多媒体技术在史料教学中的运用

一、多媒体技术的定义与特点

（一）多媒体技术的定义

多媒体技术是指利用数字技术将文本、图像、声音和视频等多种媒体信息集成在一起，并通过计算机进行处理和展示的技术。这种技术的核心在于信息的集成和交互，它能够提供比传统单一媒体更为丰富的信息表达方式。

（二）多媒体技术的特点

1.集成性

多媒体技术的核心优势在于其强大的集成能力，它能够将文本、图像、音频和视频等多种信息媒介融合于一个平台，实现信息的多元化展示。在高中历史教学领域，这种集成性为教师提供了一个多功能的教学工具，使得历史事件的叙述不再局限于枯燥的文字，而是通过丰富多彩的多媒体素材，如生动的图片、动态的视频和翔实的文本，共同构建起一个立体化的学习环境。

2.交互性

多媒体技术通过其交互性特征，极大地提升了学生与教学内容之间的互动。这种技术使得学生不再是被动接受知识的听众，而是能够根据自己的学习步调和兴趣选择学习路径的参与者。在历史课堂上，这种互动性尤为重要，它能够激励学生主动探索历史，从而增强他们的学习动机和参与感。通过多媒体工具，学生可以与历史资料进行直接互动，比如通过点击不同的历史事件链接来深入了解事件背景，或者通过参与在线讨论来表达自己对历史事件的看法。

3.可视化

多媒体技术的应用使历史学科的教学方式从抽象走向具体，从平面走向立体。引入图像、视频等视觉元素，学生能够直观感受到历史事件的情境，从而加深对历史知识的理解和记忆。动态的历史地图展示，让学生能够清晰地看到历史事件在地理空间上的演变，这种视觉化的学习方式极大地提升了学生对历史进程的认识。多媒体技术还能将复杂的历史数据和信息转化为图表和时间线，使学生能够迅速把握历史发展的脉络。

4.动态性

多媒体技术以其动态性特点，为历史教学注入了活力。它不仅能够重现历史事件的发展脉络，还能展现历史人物的生平活动，使得历史课堂变得栩栩如生。这种技术通过动画、视频等形式，将历史的静态画面转化为动态过程，帮助学生直观地感受历史的流动和变迁。例如，通过模拟历史战役的进程，学生可以清晰地观察到战略的部署和战斗的演变，从而更深刻地理解历史事件的复杂性和动态性。

5.网络性

随着互联网技术的飞速发展，多媒体技术的应用已经突破了单机操作的局限，通过网络实现了资源共享和远程教学，极大地丰富了高中历史教学的资源平台和教学方式。

多媒体技术的网络化发展趋势，使得信息以超媒体结构进行组织，方便实现人机交互，用户可以根据自己的思维习惯和意愿主动选择和接受信息。这种网络性不仅使得教学资源得以在全球范围内共享，还使得教学活动不再受时间和空间的限制，学生可以在任何时间、任何地点通过网络接入教学资源，进行自主学习。

利用网络资源，网络教育能够实现远程教学，为广大学生提供了更加灵活和便利的学习方式。这种远程教学模式，依靠现代通信技术及多媒体技术的发展，大幅度地提高了教育传播的时效，使教育传播不受时间、地点、国界和气候的影响。学生可以通过网络接受来自不同国家、不同教师的指导，获得除文本以外更丰富、更直观的多媒体教学信息，共享教学资源。

多媒体技术的网络化应用还体现在其能够创建出更加生动逼真的二维与三维场景。这种技术的应用，为历史教学提供了新的视角和方法，使得历史事件的讲解更加生动和直观，提高了学生的学习兴趣和参与度。

二、多媒体技术在史料教学中的应用现状

多媒体技术在史料教学中的应用现状表明，多媒体技术已经成为高中历史教学中不可或缺的一部分。

（一）形象思维能力的培养

在高中历史教学中，多媒体技术将复杂的历史概念和事件转化为直观的图像和动态的视频，使得学生能够更直观、更具体地感知历史，从而加深对知识点的理解和记忆。

在传统的历史教学中，学生往往需要通过大量的文字描述来构建对历史事件的想象，这种方式不仅效率低下，而且难以激发学生的学习兴趣。而多媒体技术的引入，通过丰富的视觉材料，如历史图片、图表、3D模型和视频资料等，为学生提供了一个立体化的学习环境。这种形象化的教学手段，不仅使历史事件栩栩如生，还帮助学生在脑海中构建起历史场景，从而更好地串联起相关的知识点。

多媒体技术还能够通过互动式学习，让学生参与到历史的探索和发现中来。学生可以通过点击不同的历史资料，获取更多的背景信息，甚至可以通过模拟历史场景，体验历史人物的决策过程。这种互动式学习不仅提高了学生的参与

度，也锻炼了学生的形象思维能力，使他们能够多角度、多层面地理解和分析历史事件。

（二）逻辑思维能力的培养

在传统的教学模式中，历史课堂常常因为内容的枯燥和抽象而难以吸引学生的注意力，导致学生的学习积极性不高，课堂氛围沉闷。然而，多媒体技术的引入，丰富多样的教学资源和互动形式，为学生提供了更加直观和生动的学习体验，使复杂的历史概念和事件变得更加易于理解和掌握。

利用多媒体技术，教师可以轻松获取和展示与教学内容相关的政治思想改革资料，将抽象的政治理论具体化，帮助学生建立起对历史事件的直观认识。例如，在讲解某个政治改革时，教师可以通过展示当时的报纸、演讲视频或者相关的历史纪录片，让学生更直观地感受改革的背景、过程和影响，从而促进学生对政治改革的深入理解。

利用多媒体技术，教师可以设计互动式的教学活动，如模拟辩论、角色扮演等，这些活动不仅能够激发学生的学习兴趣，还能够锻炼学生的逻辑思维。在这些活动中，学生需要分析历史事件，提出自己的观点，并用历史事实来支持自己的论点，这样的过程能够有效地培养学生的逻辑思维能力。

多媒体技术还能够为学生提供更多的探索和研究空间。学生可以通过互联网访问大量的历史资料，进行自主学习，分析和比较不同的历史观点，从而形成自己的历史认识。这种自主探索的过程，不仅能够提高学生的学习效率，还能够培养学生独立思考和逻辑推理的能力。

（三）教学资源的整合与提炼

信息技术的迅猛发展，尤其是互联网的普及，极大地改变了人们获取信息的方式，也为历史教学提供了前所未有的丰富资源。在这一背景下，教师能够通过网络获取到大量的文档、图片、音频和视频等教学材料，这些资源的整合与提炼对于提高教学质量和效率至关重要。

通过网络资源的整合，教师可以将分散的信息集中起来，构建起一个全面而立体的历史教学框架。例如，针对某个历史事件，教师可以从不同的网站收集相关的第一手资料和学术研究成果，然后结合自己的教学目标和学生的实际情况，提炼出最有价值的信息，设计出有针对性的教学内容。这样的教学设计不仅能够丰富课堂内容，还能够激发学生的学习兴趣，提高他们的参与度。

互联网上的资源更新迅速，教师可以及时获取最新的历史研究成果和教学理念，这对于保持教学内容的时效性和前沿性非常有帮助。教师还可以利用这些资源，引导学生进行探究式学习，培养学生的信息筛选能力和批判性思维。在这一过程中，学生不仅能够学习到历史知识，还能够学会如何从海量信息中筛选出对自己学习有用的资料，这对于他们未来的学习和生活都是极其有益的。

同时，教师还可以通过网络资源的整合，设计出多样化的教学活动，如在线讨论、虚拟历史场景重现等，这些活动能够打破传统课堂的局限，为学生提供更加生动和直观的学习体验。

（四）数字化资源的运用

数字化资源的广泛应用正在重塑高中历史教学的面貌。作为信息化时代的产物，这些资源以其庞大的存储容量、迅速的传播速度和丰富的图文信息，极大地扩展了学生的学习视野。在历史课堂上，数字化资源的融入不仅增加了教学内容的深度和广度，还提升了学习的吸引力和参与度。

借助数字化资源，教师能够将枯燥的历史事实转化为生动的学习材料。例如，借助电子书籍、在线数据库和虚拟博物馆，学生可以访问到大量的历史文献和实物图片，这些资源使得历史知识更加直观和具体。学生可以通过观看历史事件的3D模拟视频、参与互动式时间线，甚至通过虚拟现实技术"亲身"体验历史场景，这种沉浸式的学习方式极大地提高了学生的学习兴趣。

数字化资源的运用还促进了教学方法的创新。教师可以设计多媒体演示文稿，将历史事件的图片、地图、图表和解说词有机结合，使学生能够多角度地理解历史。数字化资源还支持教师开展协作学习活动，如在线讨论板和共享文档，这些工具鼓励学生分享观点、讨论问题，从而培养他们的沟通能力。

数字化资源的灵活性和可访问性也意味着学生可以在课堂之外继续他们的学习。学生可以随时随地通过智能设备访问这些资源，进行自主学习。这种学习方式不仅提高了学习效率，还培养了学生的自主学习能力和终身学习习惯。

三、多媒体技术在史料教学中的应用

多媒体技术通过将枯燥的历史知识转化为生动形象的内容，极大地提高了学生的学习兴趣和参与度。

（一）直观呈现教学内容

多媒体技术在高中历史教学中的应用，极大地提升了教学内容的直观性和感知度。通过图像、声音和动画等多媒体元素的融合，教师能够将复杂的历史事件和概念转化为学生可以直接感受和理解的形式，从而有效提升学生的学习效果和兴趣。

在高中历史教学中，多媒体技术的应用使得历史知识的传递不再局限于书本和口头讲解。例如，当讲解重大历史事件如法国大革命时，教师可以利用多媒体展示当时的图片、绘画以及相关的历史文献扫描件，配合生动的解说和音乐背景，营造出一种身临其境的氛围。学生通过观看这些视觉材料，可以直观地感受到历史事件的紧迫感，更好地理解历史人物的决策背景和事件的发展过程。

多媒体技术还可以通过动画的形式，展示历史事件的发展脉络。如通过时间线的动态展示，学生可以清晰地看到不同历史事件之间的联系和影响。这种动态的、可视化的学习方法，不仅提高了学生的学习兴趣，还帮助他们形成了更加系统和全面的历史认识。

在讲述历史人物的生平时，多媒体技术同样发挥着重要作用。通过展示历史人物的肖像画、手稿以及相关的历史场景，学生可以更加直观地了解这些人物的生活背景和性格特点。这种直观的呈现方式使得学生对历史人物的记忆更加深刻，对历史事件的理解也更加透彻。

（二）突破教学重点

多媒体技术在高中历史教学中的应用，为突破教学重点和难点提供了有效的手段。这种技术通过将静态的历史知识动态化、抽象的概念具象化，极大地降低了学生的认知难度，提高了教学的效率和质量。

多媒体技术能够将复杂的历史事件和政治制度以直观的形式展现出来。例如，在讲解中国古代政治制度的形成与发展时，教师可以利用多媒体展示相关的图片、图表和时间线，帮助学生理解不同朝代政治制度的演变过程。这种形象化的展示不仅使抽象的政治理论具体化，还帮助学生建立起对历史事件的直观认识，从而降低了学习难度。

多媒体技术的应用还体现在创设教学情境，激发学生的学习兴趣。通过视频资料、模拟场景等手段，教师可以带领学生"穿越"到历史现场，感受历史事件的背景和氛围。这种沉浸式的教学方法能够增强学生的情感体验，提高他们对历史知识的兴趣和关注度。

多媒体技术还能够帮助教师优化教学策略，强化学生的思维训练。在大单元教学中，教师可以利用多媒体技术整合教学内容，建构知识体系，使学生能够更好地理解和掌握历史知识。通过这种方式，教师能够将大的教学目标分解成多个小目标，准确归纳知识重点及难点，明确教学方向，为学生学习历史知识创设条件。

第三节　史料教学中的 AI 技术运用

在高中历史教学中，人工智能（AI）技术的应用正逐步改变传统的教育模式，提供多样化的学习体验。

一、智能辅助教学系统

智能辅助教学系统，通常被称为计算机辅助教学系统（CAI），是一种利用人工智能和相关技术，通过对学生学习情况的分析和反馈，为教师和学生提供个性化的教学和学习支持的系统。随着大数据、云计算、机器学习等技术的不断进步，AI 技术在教育领域的应用不仅为教育带来了前所未有的便利并提高了效率，更在深层次上改变了教育的本质和模式。

（一）智能辅助教学系统的核心功能

智能辅助教学系统，作为现代教育技术的重要组成部分，通过其核心功能显著提高了教学效率和学习质量。这些功能包括自动化作业批改、个性化学习计划的制订、学习资源的智能推荐以及对学生学习进度的实时监控。自动化作业批改不仅减轻了教师的工作量，还允许教师将更多时间投入教学设计和学生互动中；个性化学习计划的制订确保每个学生都能根据自己的学习节奏和风格接受教育，从而提高学习效率；智能推荐系统能够根据学生的学习表现和兴趣，推荐适合的学习材料，进一步增强学习的相关性和吸引力；实时监控学生进度的功能让教师能够及时调整教学策略，为学生提供必要的支持和干预，确保学习目标的达成。

（二）个性化学习

AI 技术在教育领域的应用，尤其是在个性化学习方面，已经展现出其独特的优势和潜力。通过分析学生的学习数据，AI 技术能够为每个学生提供定制化的学习体验，从而满足他们的个性化需求。

AI 技术能够通过智能分析系统深入挖掘学生的学习数据，包括学习进度、答题情况和兴趣偏好等，精准把握学生的学习状态和需求。这种分析为教师提供了有力的教学支持，使他们能够及时调整教学策略，为学生提供更具针对性的指导。

基于学生的学习数据和分析结果，AI 技术可以运用个性化推荐算法，为每个学生推荐最适合他们的学习资源、练习题目和课外活动。这种推荐不仅基于学生的兴趣和需求，还考虑了他们的学习水平和能力，确保学生能够在符合自己节奏和兴趣的前提下进行学习。

AI 技术还能实现智能辅导，通过自适应学习平台，如美国的 Knewton 平台，根据学生的实时表现调整教学内容的难度，显著提高了学生的学习效果。Knewton 平台通过摄入的概念图和学生互动过程中的事件，为特定学生创建一个学习路径，实现了差异化学习的自动化进程。

AI 技术在个性化学习中的应用还包括情感识别与心理支持。AI 技术能够通过分析学生的面部表情、语调变化等，识别出学生的焦虑、挫败感等负面情绪，并适时提供心理支持和积极干预，帮助学生建立健康的学习心态。

（三）智能评估

在教育领域，传统的评估方式常常局限于标准化考试，这限制了对学生能力和潜力的全面反映。AI 技术的发展，为教育评估带来了革命性的变化。AI 技术通过多维度数据分析，能够提供更全面和客观的评估结果，从而更准确地衡量学生的学习成效和潜力。

AI 技术在教育评估中的优势主要体现在：系统能够依据预设的算法和模型，对学生的作业和考试进行客观评分，减少了人为因素的干扰，提高了评估的准确性和公正性；AI 技术能同时处理大量学生数据，快速准确地评估学生的学习成果，节省了人力资源和时间成本；AI 技术可以根据学生的学习情况和特点，提供个性化的评估结果和建议，帮助学生更好地了解自己的学习状况，制订更有效的学习计划；AI 技术通过对学习数据的分析和挖掘，发现学生的学习趋势和问题，为教师提供有针对性的教学指导和改进建议。

（四）智能内容生成

AI 技术在教育领域的应用之一是智能内容生成，这涉及利用 AI 技术自动生成教学材料，包括练习题和课程摘要等。这种技术的应用极大地提升了教学资源的制作效率，并能够根据学生的具体需求实时生成个性化的学习材料。

AI 技术通过分析学生的学习数据，包括他们的知识掌握情况和学习习惯，能够精准地推送适合每个学生的个性化学习内容。

智能内容生成技术的优势在于其能够大规模地定制化生产教学内容。这不仅减轻了教师设计和准备教学材料的工作负担，还使得教学更加灵活和高效。通过这种方式，每个学生都能获得适合自己的学习材料，从而提高学习效率和效果。

智能内容生成技术还可以根据学生的学习进度和反馈，动态调整教学内容的难度和深度。这种自适应学习方式有助于学生在适合自己的节奏下学习，同时也为教师提供了一个强大的工具，以实现更精准的教学目标。

二、AI 技术在史料教学中的应用

（一）智能推荐系统

AI 技术可以根据学生的学习习惯、兴趣和历史成绩，提供个性化的历史课程推荐。这种推荐系统不仅能够为学生推荐适合的课程内容，还能够推荐各种课型、习题和阅读材料等，从而满足学生的个性化学习需求。通过深度学习模型，如卷积神经网络、循环神经网络等，系统能够学习数据集的本质特征，获取用户和项目的深层次特征，进而生成项目的推荐列表。

（二）自然语言处理（NLP）技术

NLP 技术在史料教学中的应用，使得学生能够更好地理解和解读历史文献。通过文本挖掘和语义分析，AI 技术能够帮助学生分析历史文献中的关键信息，理解复杂的历史事件和人物关系。NLP 技术的发展，如 BERT 和 GPT-3 模型，使得机器能够进行高度复杂的语言任务，包括语言翻译、话语分析和自然语言理解等，这些技术的应用极大地提升了学生对历史文献的解读能力。

（三）虚拟现实（VR）和增强现实（AR）技术

VR 和 AR 技术的应用为史料教学提供了沉浸式的学习体验。通过这些技术，学生可以"身临其境"地体验历史事件，如参与历史场景的重现，观察历史建筑的构造，甚至与历史人物进行虚拟互动。这种沉浸式学习不仅增强了学生的同理心和创造力，还加深了他们对历史知识的理解和记忆。AR 技术还可以通过在教科书、作业本或海报上提供数字叠加、动画和其他信息，丰富传统教材，使学习更加互动和引人入胜。

三、AI 技术在教学评价中的应用

在"教学评一致"的视域下，AI 技术的应用正在深刻地影响教学评价的方式和效果。教师通过智能管理软件监控学生出勤与学习进度，结合智能语音与交互技术，快速检索并展示历史图文、影音资料，于智能终端实时播报，AI 技术提升了教学效率与理解深度。

AI 技术通过智能教育软件评估指标体系，为教学评价提供了科学的依据和理论指导。这些指标体系包括考试测试、教师评价和学生评价等多个维度，涵盖了智能组卷、智能批改、智能考试分析等多个方面，为教学评价提供了全面的数据支持。

智能技术支持的课堂教学评估系统设计与实现，验证了 AI 技术在教育教学评价中的应用价值。这些系统能够在一定程度上帮助教师改进教学评价的主观性，减轻教师的课堂教学评价负担，通过收集课堂教学过程中的多项数据，分析教学过程中教师的教学行为，使课堂评价实现过程化、系统化、智能化。

智能交互技术的应用，如智能语音技术，提升了口语教学的效率。该技术不仅能够定位和检测口语错误，还能提供直观的视觉反馈，帮助学习者有效地纠正错误，提高发音的准确性。

第九章 史料教学中教师能力的提升

第一节 提升教师史料解读能力

在历史教学领域,史料作为连接过去与现在的桥梁,其重要性不言而喻。而教师作为史料与学生之间的关键纽带,史料解读能力的高低直接决定了教学的质量与学生历史素养的培养成效。因此,提升教师的史料解读能力成为推动历史教学发展的核心任务之一。

一、明确不同类型史料的解读要点

(一)文献史料

文献史料是历史研究中最为常见的一类史料,它涵盖了史书、档案、书信、日记、文学作品等诸多形式。以史书为例,《资治通鉴》作为编年体通史巨著,司马光在编撰时,其目的在于"鉴前世之兴衰,考当今之得失",这就使得书中对历史事件和人物的记载带有强烈的以史为鉴的政治意图。例如,教师在解读《资治通鉴》中关于唐朝安史之乱的记载时,不仅要关注事件的过程,还要引导学生思考司马光为何会如此详细地描述这场叛乱对唐朝政治、经济、社会秩序的破坏,以及其对后世统治者的警示意义。

档案史料则具有极高的原始性和真实性,但同时也存在着专业性强、内容繁杂的特点。例如,清朝内阁大库的档案中包含了大量的官方文书,如皇帝的谕旨、大臣的奏折等,这些档案对于研究清朝的政治制度、行政运作等方面有着不可替代的价值。教师在解读此类档案史料时,需要帮助学生理解文书的格式、用语规范,以及其中所反映的当时的政治关系和决策过程。

书信和日记往往能够展现出历史人物的私人情感和真实想法。例如鲁迅的书信集,通过他与友人、家人的通信,我们可以从一个独特的视角了解到当时的文化界动态、社会思潮以及鲁迅个人的思想变化。教师在解读这类史料时,要引导学生关注写信人的身份、写信的背景以及信中所表达的情感,避免片面解读。

文学作品虽然具有一定的虚构性，但也能从侧面反映出当时的社会风貌和人们的生活状态。以《红楼梦》为例，这部小说描绘了封建贵族家庭的兴衰荣辱，从中我们可以看到清朝时期的社会等级制度、婚姻制度、文化习俗等。教师在解读时，要帮助学生区分文学作品中的虚构情节与真实的历史背景，引导学生挖掘其中蕴含的历史信息。

（二）实物史料

实物史料包括文物、古迹、遗址等，是历史的直接见证者。一件古老的陶瓷器，从其造型、纹饰、质地等方面，我们可以推断出它所属的时代、制作工艺以及当时的审美观念。比如唐代的唐三彩，其色彩鲜艳、造型多样，反映了唐代开放包容的文化氛围和高超的陶瓷制作技术。教师在引导学生解读唐三彩时，可以从其制作工艺的流程、所使用的颜料、造型所代表的文化寓意等方面入手，让学生直观地感受唐代的文化魅力。

古迹和遗址则能让我们更直观地了解古代的建筑风格、城市布局以及社会生活。例如西安的古城墙，它不仅是古代军事防御的重要设施，还体现了当时的城市规划理念。教师可以带领学生实地考察古城墙，从城墙的建筑结构、城门的设置、护城河的作用等方面进行分析，让学生了解古代城市的防御体系和社会功能。

（三）口述史料

口述史料是通过口头讲述的方式传承下来的历史记忆，它具有独特的价值，但也存在着诸多局限性。对于战争时期的口述史料，如抗日战争时期老兵的回忆，由于时间的推移和记忆的偏差，不同老兵对同一事件的描述可能会存在差异，而且，讲述者的情感因素也会对史料的真实性产生影响。有的老兵可能因为对战争的痛苦记忆而夸大某些情节，有的则可能因为对战友的深厚情感而美化某些行为。

教师在解读口述史料时，需要引导学生进行多方面的考证，可以将其与其他类型的史料，如文献史料、实物史料等进行对比分析，以验证口述史料的真实性。同时，教师要关注讲述者的背景、讲述的动机以及讲述时的语境等因素，帮助学生更客观地理解口述史料所传达的历史信息。

二、掌握多元史料解读方法

（一）文字分析法

传统的文字分析法是解读史料的基础，它包括对史料的字词含义、语法结构、篇章逻辑等方面的分析。在解读古代文献时，教师准确理解字词的含义至关重要。例如，在《论语》中，"学而时习之，不亦说乎"这句话中的"习"字，在古代不仅有复习的意思，还有实习、实践的含义。教师要引导学生结合古代的教育理念和社会背景，全面理解"习"字在这句话中的内涵。

语法结构的分析也能帮助我们更好地理解史料的原意。比如，文言文的特殊句式，如宾语前置、状语后置等，若不加以正确分析，就容易误解文意。教师在解读《鸿门宴》中"大王来何操？"这句话时，要让学生明白这是一个宾语前置句，正常语序应为"大王来操何？"，这样才能准确理解其含义。

对篇章逻辑的把握，则有助于我们从整体上理解史料的主旨。在分析一篇历史论文时，教师要引导学生理清作者的论证思路，找出论点、论据以及论证方法，从而更好地理解作者的观点和意图。

（二）跨学科解读方法

随着学科融合的发展，跨学科解读方法在史料解读中发挥着越来越重要的作用。历史学与社会学的结合，可以从社会结构、社会阶层、社会变迁等角度对史料进行分析。在研究中国古代农民起义的史料时，运用社会学中的阶级分析方法，可以深入探讨农民起义爆发的社会根源，如农民阶级与地主阶级之间的矛盾、土地兼并问题等。

历史学与经济学的交叉，能帮助我们从经济发展的角度理解历史事件。教师在解读工业革命时期的史料时，结合经济学中的供求关系、市场机制等理论，可以分析工业革命对英国乃至世界经济格局的影响，如工厂制度的兴起、国际贸易的发展等。

此外，历史学与文化学、心理学等学科的融合，也能为史料解读提供新的视角。教师从文化学的角度解读宗教史料，可以更好地理解宗教文化的传播与演变；从心理学的角度分析历史人物的行为，能更深入地探究其行为动机和心理状态。

三、持续扩充知识储备

（一）历史专业知识

深厚的历史专业知识是教师准确解读史料的基石。教师要对中外历史的发展脉络有清晰的认识，从古代史、近代史到现代史，各个历史时期的重大事件、重要人物、政治制度、经济发展、文化成就等都要了然于心。在解读关于美国南北战争的史料时，教师不仅要知道战争的起因、经过和结果，还要了解美国当时的政治体制、经济结构、社会矛盾以及奴隶制的发展历程等相关知识，这样才能全面、深入地理解史料所反映的历史问题。

同时，教师还要关注历史研究的前沿动态，不断更新自己的知识体系。随着新的考古发现、研究方法的出现，历史学界对一些历史事件和人物的认识也在不断深化。例如，近年来随着对三星堆遗址的深入发掘和研究，我们对古蜀文明的认识有了新的突破。教师要及时了解这些研究成果，并将其融入史料解读和教学中。

（二）文化知识

丰富的文化知识能帮助教师更好地理解史料背后的文化内涵。不同国家和地区的文化有着各自不同的特点，这些特点在史料中会有所体现。在解读西方中世纪的宗教史料时，教师需要了解基督教的教义、教会组织、宗教仪式等相关文化知识，这样才能理解当时宗教对社会生活、政治制度、思想文化等方面的深刻影响。

中国传统文化知识也是教师必备的素养之一。中国古代的诗词、书画、音乐、舞蹈等艺术形式，以及儒家、道家、法家等思想流派，都与历史发展紧密相连。在解读古代文化史料时，教师要能从文化的角度进行分析，挖掘其中蕴含的历史价值。比如，在解读唐代诗歌时，教师要引导学生从诗歌的内容、风格、创作背景等方面，感受唐代的社会风貌、文化氛围以及诗人的思想情感。

（三）相关学科知识

除了历史专业知识和文化知识外，教师还需要掌握相关学科的知识，以拓宽史料解读的视野。在解读涉及科技史的史料时，物理、化学、生物等学科的知识就显得尤为重要。在研究古代天文历法的史料时，教师需要具备一定的天文学知识，才能理解古人对天体运行规律的认识、天文仪器的制作和使用方法等内容。

地理知识对于解读历史史料也有着重要的辅助作用。在分析古代战争史料时，地理环境因素往往是影响战争胜负的关键因素之一。战争发生地区的地形地貌、气候条件、交通要道等地理信息，能帮助教师和学生更好地理解战争的战略布局和战术运用。

第二节　增强教师历史思维的培养

在历史教学中，教师不仅要传授历史知识，还要培养学生的历史思维能力。教师自身历史思维的水平，直接影响着学生历史思维的形成与发展。历史思维是一种综合的思维能力，涵盖时空观念、历史解释、历史理解、历史评价等多个维度，增强教师历史思维的培养具有重要的现实意义和深远的教育价值。

一、强化时空观念的构建

时空观念是历史思维的基础，它要求教师能够将历史事件、人物和现象准确地置于特定的时间和空间背景中去理解和分析。

（一）把握历史发展的时间脉络

历史是一个连续的过程，每个历史事件都有其发生的先后顺序和特定的时代背景。教师要对中外历史的时间框架有清晰的认识，从古代文明的起源到现代社会的发展，各个历史时期的起止时间、重大历史事件的时间节点都应烂熟于心。例如，在讲解中国古代史时，教师要清楚从夏朝的建立（约公元前2070年）开启了中国早期国家的历史，历经商周、春秋战国的社会变革，到秦汉时期大一统帝国的形成，再到三国两晋南北朝的政权更迭与民族融合，隋唐的繁荣昌盛，宋元的经济文化发展，直至明清时期统一多民族国家的巩固与面临的挑战。通过梳理这样清晰的时间脉络，教师在解读历史事件时，才能够引导学生理解事件之间的因果关系和历史发展的连续性。

在教学过程中，教师可以运用多种方式帮助学生构建时间观念。制作历史年表是一种直观有效的方法，将重要历史事件按照时间顺序排列，标注事件的主要内容和影响，让学生一目了然地看到历史发展的进程。同时，教师需要结合历史故事和案例，让学生对时间的感知更加生动形象。比如，在讲述赤壁之战时，教师不仅要告知学生赤壁之战发生于公元208年，还可以详细描述当时的政治局势、各方的势力情况，让学生感受到这个时间节点上历史的风云变幻。

（二）理解历史事件的空间背景

历史事件的发生不仅有时间的维度，还与特定的空间环境密切相关。不同的地理区域、自然环境和人文环境都会对历史发展产生重要影响。教师要具备广阔的空间视野，了解不同地区的地理特点、交通状况、文化交流等因素对历史的作用。

以古代丝绸之路为例，丝绸之路连接了中国与中亚、西亚乃至欧洲，其路线的走向受到地理环境的制约，同时也促进了不同地区之间的经济、文化交流。教师在讲解丝绸之路时，要引导学生关注其经过的地区，如河西走廊、塔里木盆地、帕米尔高原等，了解这些地区的地理风貌和人文特色。河西走廊是丝绸之路的重要通道，其地理位置的重要性在于它是中原地区通往西域的咽喉要道，具有重要的军事和经济价值；塔里木盆地周边的绿洲城市则是丝绸之路贸易的重要节点，这些城市因丝绸之路的繁荣而兴起，不同民族和文化在这里交汇融合。通过对丝绸之路空间背景的分析，学生能够更好地理解丝绸之路在历史上的重要意义，以及地理环境对历史发展的影响。

教师还可以利用地图、模型等教学工具，帮助学生直观地感受历史事件发生的空间位置和范围。教师在讲解古代战争时，通过展示战争地图，让学生了解战争的行军路线、战略要地的分布等，从而更好地理解战争的战略布局和胜负原因。

二、提升历史解释能力

历史解释是对历史事件、人物和现象进行分析、说明和阐释的能力，是历史思维的核心要素之一。教师提升历史解释能力，能够帮助学生更好地理解历史的复杂性和多样性。

（一）依据史料进行合理阐释

历史解释必须以可靠的史料为依据，教师要引导学生学会从史料中提取有效信息，并运用历史唯物主义的观点和方法进行分析和阐释。在面对同一历史事件的不同史料时，教师要帮助学生辨别史料的真伪、可信度和价值，综合多方面的史料进行全面的解读。

例如，关于秦始皇统一六国这一历史事件，不同的史料可能会有不同的记载和评价。有的史料强调秦始皇的雄才大略和统一六国的历史功绩，如《史记·秦始皇本纪》中记载："及至秦王，续六世之余烈，振长策而御宇内，吞二周而亡诸侯，履至尊而制六合，执敲扑而鞭笞天下，威振四海。"而有的史料则关注秦始皇的暴政，如对其大规模征发劳役修建长城、阿房宫等行为的批判。教师在引导学生进行历史解释时，要让学生认识到这些不同的记载和评价都是基于一定的历史背景和立场的。通过对多种史料的分析，学生可以全面地理解秦始皇统一六国这一事件的历史意义和影响，既要肯定其在统一多民族国家形成过程中的积极作用，也要认识到其统治过程中存在的问题。

（二）培养多角度思考问题的能力

历史事件往往具有多面性，教师要培养学生从不同的角度去思考和解释历史问题，避免片面的、单一的历史解释。在讲解工业革命时，教师可以引导学生从经济、政治、社会、文化等多个角度进行分析。从经济角度看，工业革命极大地推动了生产力的发展，机器生产取代了手工劳动，工厂制度得以确立，资本主义经济迅速扩张；从政治角度看，工业革命引发了社会阶级结构的变化，资产阶级力量壮大，推动了政治民主化进程，同时也加剧了资本主义国家之间的矛盾和争夺殖民地的斗争；从社会角度看，工业革命带来了城市化的快速发展，改变了人们的生活方式和社会结构，但也导致了贫富差距的扩大、环境污染等社会问题；从文化角度看，工业革命促进了科学技术的进步和思想文化的繁荣，如进化论、马克思主义等思想的产生都与工业革命的时代背景密切相关。

教师通过引导学生从多个角度进行历史解释，不仅可以拓宽学生的思维视野，还能让学生更加全面、深入地理解历史事件的本质和影响。同时，教师要鼓励学生发表自己的见解和观点，培养学生的创新思维和批判性思维能力。

三、深化历史理解意识

历史理解是指在设身处地的情境中，研究者对历史人物的思想和行为动机进行感受和理解的能力。教师深化历史理解意识，能够更好地引导学生走进历史，感受历史的温度。

（一）理解历史人物的处境与动机

在历史教学中，教师要引导学生站在历史人物的角度去思考问题，理解他们所处的时代背景、社会环境以及面临的各种选择和压力。例如，在讲述岳飞抗金的故事时，教师要让学生了解南宋时期的政治局势，金兵的入侵给南宋人民带来的灾难，以及南宋朝廷内部的政治斗争。岳飞作为南宋的将领，他的抗金行为既是出于对国家和民族的忠诚，也是为了保护百姓的生命财产安全。然而，他的抗金行动却受到了南宋朝廷主和派的阻挠，最终被秦桧以"莫须有"的罪名陷害。通过对岳飞所处处境和动机的分析，学生能够更加深刻地理解岳飞的爱国精神和他所面临的无奈与悲哀，而不是简单地对历史人物进行片面的评价。

（二）体会历史事件的复杂性与多样性

历史事件往往是多种因素相互作用的结果，具有复杂性和多样性。教师要引导学生认识到这一点，避免对历史事件进行简单化、绝对化的理解。在讲解法国大革命时，教师要让学生了解法国大革命爆发的原因是多方面的，包括阶级矛盾的激化、启蒙思想的传播、财政危机等。法国大革命的过程也是波澜壮阔、曲折复杂的，经历了君主制的推翻、雅各宾派的激进统治、热月政变等多个阶段。在这个过程中，不同的政治派别、社会阶层都在为自己的利益和理想而斗争，各种思想和理念相互碰撞。通过对法国大革命复杂性和多样性的分析，学生能够更加全面地认识到历史发展的曲折性和必然性，逐渐具备历史同理心和包容精神。

四、优化历史评价能力

历史评价是对历史事件、人物和现象进行价值判断的过程，它体现了历史思维的深度和广度。教师优化历史评价能力，能够引导学生树立正确的历史观和价值观。

（一）遵循客观公正的评价原则

历史评价必须以客观事实为依据，遵循公正、客观的原则，避免主观臆断和片面评价。教师要引导学生从历史发展的大趋势出发，全面、综合地评价历史事件和人物。教师在评价秦始皇时，既要肯定他统一六国、推行郡县制、统一度量衡等措施对中国历史发展的积极影响，也要认识到他的暴政给人民带来的痛苦和灾难，不能因为他的功绩而忽视他的过错，也不能因为他的过错而否定他的历史贡献。

（二）运用多元的评价标准

历史评价的标准是多元的，教师要引导学生运用不同的评价标准，从多个角度对历史事件和人物进行评价，除了从政治、经济、文化等传统角度进行评价外，还可以从道德、人性、社会发展等角度进行思考。在评价汉武帝时，从政治角度看，他加强了中央集权，巩固了大一统的局面；从经济角度看，他推行了一系列改革措施，促进了经济的发展；从文化角度看，他"罢黜百家，独尊儒术"，确立了儒家思想的正统地位，对中国文化的发展产生了深远影响。同时，从道德角度看，汉武帝在位期间频繁发动战争，给人民带来了沉重的负担；从人性角度看，他晚年迷信方术，追求长生不老，表现出了人性的弱点。通过运用多元的评价标准，学生能够更加全面、立体地认识历史人物，形成辩证思维能力。

（三）培养学生的历史反思意识

历史评价不仅是对过去的总结，更是为了对现实和未来提供启示。教师要培养学生的历史反思意识，引导学生从历史事件和人物中吸取经验教训，思考如何在现实生活中避免重蹈覆辙。在讲解第二次世界大战时，教师要引导学生反思战争爆发的原因，如帝国主义国家之间的矛盾、经济危机的影响、绥靖政策的危害等。通过对这些问题的反思，学生可以认识到和平的来之不易，以及维护世界和平、促进国际合作的重要性。同时，学生也可以从历史中汲取智慧，思考如何在当今社会中处理好国际关系、解决社会矛盾等问题。

第三节 加强教师史料设计的能力

在历史教学中，史料是构建历史知识体系、培养学生历史思维的重要素材。教师史料设计的能力直接关乎教学的质量与效果。

一、史料设计的方法

（一）合理编排史料

1.遵循教学逻辑与认知规律

教学逻辑是指教师在教学过程中组织和呈现知识的方式，它应符合历史学科的内在逻辑顺序，即从简单到复杂、从现象到本质。而学生的认知规律则强调学生在学习过程中的心理特点和认知发展阶段，例如，中学生正处于从具体形象思维向抽象逻辑思维过渡的时期，他们更易于接受直观、生动的史料，并在教师引导下逐步进行深入分析。教师在编排史料时，需要充分考虑这两个方面，使史料的呈现能够逐步引导学生深入理解历史。

2.时间顺序编排

教师以时间为线索编排史料，能够让学生清晰地看到历史发展的连续性和阶段性。在教授"中国近代化的探索"时，洋务运动（19世纪60—90年代）作为中国近代化的开端，主要侧重于学习西方先进技术，创办近代企业，如安庆内军械所、江南制造总局等。这些企业的创办体现了当时中国在军事和工业领域向西方学习的尝试，为后续的变革奠定了物质基础。

戊戌变法（1898年）紧接着洋务运动，其重点在于政治改革，试图通过学习西方的政治制度，实现君主立宪，虽然最终失败，但它传播了新思想，为辛亥革命的爆发奠定了思想基础。辛亥革命（1911年）则彻底推翻了封建帝制，建立了中华民国，从政治制度层面实现了巨大变革。新文化运动（1915年）在思想文化领域掀起了一场风暴，倡导民主与科学，反对封建礼教，为马克思主义在中国的传播创造了条件。

按照时间顺序展示相关史料,学生能够直观地感受到中国近代化探索过程中各个阶段的特点以及它们之间的因果联系,深刻理解中国近代化是一个不断深化、逐步推进的过程。

3.主题分类编排

按照主题对史料进行分类编排,有助于学生从不同角度深入剖析历史事件,培养其归纳总结的能力。教师在讲解"工业革命"时,将史料分为工业革命的起因、过程、影响三个主题。

(1)起因

在"工业革命的起因"主题下,英国手工工场的长期发展为工业革命积累了丰富的生产技术和经验,大量熟练工人的出现为工厂生产提供了人力基础。而海外市场的不断扩大,对商品的需求急剧增加,原有的生产方式已无法满足市场需求,这成为工业革命的直接动力。这些史料相互关联,共同揭示了工业革命爆发的深层次原因。

(2)过程

在"工业革命的过程"主题中,珍妮纺纱机的发明揭开了工业革命的序幕,提高了纺织效率,引发了纺织业的一系列变革。随后蒸汽机的改良和广泛应用,更是推动了工业生产从手工劳动向机器大生产的转变,极大地提高了生产力。通过展示这些发明的相关史料,学生可以清晰地了解工业革命的发展历程。

(3)影响

在"工业革命的影响"主题下,工厂制度的确立改变了传统的生产组织形式,使生产更加集中和高效。同时,社会阶级结构发生了巨大变化,新兴的工业资产阶级和工业无产阶级逐渐形成,他们之间的矛盾和斗争对社会发展产生了深远影响。此外,工业革命还带来了城市化进程的加速、环境污染等一系列社会问题。通过对这些方面史料的分析,学生能够全面认识工业革命对人类社会的多方面影响。

(二)设计史料问题链

1.问题链的重要性与设计原则

问题链是引导学生深入探究史料的有力工具,它能够激发学生的思维,促使他们主动思考历史问题。教师设计问题链时,首先要紧密围绕教学目标,确保每个问题都能为实现教学目标服务。其次,问题链应具有层次性和逻辑性,从简单的事实性问题逐步过渡到深入的分析性和综合性问题,引导学生的思维不断深化。同时，问题的难度要适中，既不能过于简单让学生觉得毫无挑战，也不能过于复杂使学生无从下手，要充分考虑不同层次学生的学习能力和知识水平，让每个学生都能在思考和讨论中有所收获。

2. 以"新航路开辟"为例的问题链设计

在展示关于"新航路开辟"的史料后，教师可以设计如下问题链：

（1）新航路开辟的主要原因有哪些？

这是一个引导学生从宏观角度分析史料的问题，涉及经济、政治、文化等多个方面。从经济方面看，15世纪欧洲商品经济的发展和资本主义萌芽的出现，对黄金等贵金属的需求日益增加，而《马可·波罗行纪》对东方财富的夸张描述，进一步激发了欧洲人对东方的向往。政治上，欧洲各国君主为了增强国力，积极支持海外探险活动，希望通过开辟新航路获取更多的财富和资源；文化上，传播基督教的热情也是推动新航路开辟的重要因素之一。通过对这些史料的分析，学生可以全面了解新航路开辟的经济、政治和文化根源。

（2）新航路开辟过程中，航海家们面临哪些困难和挑战？

这个问题引导学生关注史料中关于航海技术和地理环境等具体方面的描述。在航海技术方面，当时的船只规模较小，航海仪器也相对简陋，如指南针虽然已经应用，但精度有限。在地理环境上，航海家们要面对未知的海洋、恶劣的天气条件，如暴风雨、飓风等，还可能遭遇食物和淡水短缺的问题。此外，他们对所航行区域的地理情况知之甚少，面临着迷路、触礁等危险。通过对这些困难和挑战的探讨，学生能够体会到航海家们的勇气和坚韧精神，同时也能了解到当时航海技术和地理知识的局限性。

（3）新航路开辟对世界历史发展产生了哪些深远影响？

这是一个综合性问题，要求学生从全球视角对史料进行综合分析。新航路开辟后，世界各大洲之间的联系日益密切，打破了以往相对孤立的状态，世界市场开始逐渐形成。欧洲国家通过殖民扩张，掠夺了大量的财富和资源，加速了资本原始积累，促进了资本主义的发展。同时，新航路开辟也带来了文化的交流与融合，不同地区的文化相互影响，丰富了人类文化的多样性。但另一方面，殖民扩张也给亚非拉地区带来了沉重的灾难，导致当地人口锐减、经济受损和社会动荡。通过对这些影响的分析，学生能够认识到新航路开辟是世界历史发展的重要转折点，对人类社会的发展产生了深远而复杂的影响。

（三）开展史料对比分析活动

对比分析是一种重要的历史学习方法，能够帮助学生发现历史的变化和发展规律，加深对历史事件和现象的理解。教师在设计史料对比分析活动时，要引导学生从多个角度进行比较，如时间、空间、人物、事件等。同时，教师要鼓励学生积极发表自己的见解和看法，培养其批判性思维和创新能力。在对比分析过程中，教师可以提供相关的引导问题，帮助学生明确对比的重点和方向，使对比分析更加深入和有效。

以"中国古代政治制度"为例，教师在教授"中国古代政治制度"时，选取秦朝和唐朝的中央官制史料进行对比是一个很好的案例。秦朝实行三公九卿制，三公即丞相、太尉、御史大夫，丞相辅佐皇帝处理全国政务，太尉掌管军事，御史大夫负责监察百官。九卿则分管具体事务，如奉常负责宗庙礼仪，郎中令负责宫廷警卫等。这种制度的特点是权力相对集中于皇帝，三公九卿各司其职，但相互之间缺乏有效的制衡机制。

唐朝实行三省六部制，三省为中书省、门下省和尚书省。中书省负责起草诏令，门下省负责审核诏令，尚书省负责执行诏令。尚书省下设吏、户、礼、兵、刑、工六部，分管具体政务。三省之间相互牵制、互为补充，分工明确，提高了行政效率，同时也分散了相权，加强了皇权。

通过对比秦朝三公九卿制和唐朝三省六部制在机构设置、职能分工、权力运行等方面的异同，学生可以清晰地看到中国古代政治制度从秦朝到唐朝的演变过程，理解政治制度是如何随着历史的发展而不断完善和发展的。同时，学生还可以分析不同政治制度对当时社会政治、经济、文化发展的影响，从而更全面地认识中国古代政治制度的特点和优劣。

二、提升教师史料设计能力的途径

（一）加强专业学习

1.深化对历史学科知识的理解

历史学科知识是教师进行史料设计的基础，只有对历史学科有深入的理解和研究，教师才能准确把握历史事件的本质和发展规律，从而选择出最具代表性和教学价值的史料，并对其进行合理的设计。教师要系统地学习中外历史各个时期、各个领域的知识，包括政治、经济、文化、军事、外交等，构建完整的历史知识体系。同时，教师要关注历史研究的前沿动态和最新成果，不断更新自己的知识储备，使教学内容更加丰富和准确。

2.阅读专业学术著作

专业的历史学术著作是历史学家们经过深入研究和思考的成果，其中蕴含着丰富的历史资料和深刻的学术见解。教师通过阅读这些著作，可以拓宽自己的知识面，了解不同学者对历史事件和现象的不同观点和研究方法，从而为史料设计提供更多的思路和参考。例如，教师在研究中国古代史时阅读陈寅恪的《隋唐制度渊源略论稿》，可以深入了解隋唐时期政治、经济、文化制度的渊源和发展演变，从中获取相关的史料和研究视角，为设计隋唐时期的史料教学提供帮助。

3.参加学术研讨会与聆听专家讲座

学术研讨会和专家讲座是教师与同行交流和学习的重要平台。在学术研讨会上，教师可以与来自不同地区的历史教育工作者分享自己的教学经验和研究成果，同时也可以了解到其他教师在史料设计和教学方面的创新做法和成功经验；聆听专家讲座则可以让教师直接接触到历史学界的权威学者，了解最新的历史研究动态和前沿问题，学习专家们的研究方法和学术思想，从而提升自己的史学素养和史料设计能力。

（二）利用现代信息技术

1.获取丰富史料资源

现代信息技术的发展为教师获取史料提供了极大的便利。教师可以利用互联网资源，如历史数据库、学术网站、在线图书馆等，获取丰富多样的史料。历史数据库中包含了大量的历史文献、图片、影像等资料，教师可以根据教学需要进行筛选和下载；学术网站上则有许多最新的历史研究成果和学术论文，教师可以从中获取相关的史料和研究思路；在线图书馆提供了丰富的电子书籍和期刊，教师可以方便地查阅和引用其中的史料。

2.加工处理史料

借助多媒体软件，如图片编辑软件、视频剪辑软件等，教师可以对获取的史料进行加工和处理，使其更适合教学使用。例如，教师可以使用图片编辑软件对历史图片进行裁剪、标注、添加注释等操作，突出图片中的关键信息，帮助学生更好地理解图片所反映的历史内容；对于视频史料，教师可以使用视频剪辑软件对其进行剪辑和编辑，删除无关内容，添加字幕和讲解，使视频更加简洁明了，符合教学要求。

第四节　发展教师互动式史料教学技巧

在历史教学中，传统的灌输式教学方式逐渐难以满足学生日益增长的学习需求和培养综合素养的要求。互动式史料教学作为一种创新的教学模式，强调学生的主动参与和积极思考，能够有效激发学生对历史的兴趣，提升学生的历史思维能力和综合素养。教师作为教学活动的组织者和引导者，掌握并发展互动式史料教学技巧显得尤为重要。

一、小组讨论技巧的运用与优化

（一）合理分组

合理分组是小组讨论成功开展的基础。教师应充分考虑学生的学习能力、性格特点、兴趣爱好以及知识储备等因素，进行科学分组。一种常见的分组方式是异质分组，即将不同层次和特点的学生分配到同一小组，使小组内成员能够优势互补。例如，将学习成绩较好、思维活跃的学生与学习稍显吃力但具有独特见解的学生分在一组，这样在讨论过程中，成绩好的学生可以带动其他同学深入思考，而有独特见解的学生又能为小组讨论注入新的活力，激发更多的思维碰撞。

同时，小组规模也需要合理控制。一般来说，每组以4~6人为宜。人数过少，讨论可能缺乏多样性和全面性；人数过多，则容易导致部分学生参与度不高，讨论难以有效组织。例如，在进行关于"美国独立战争的影响"的小组讨论时，教师将学生分成每组5人的小组，学生们可以充分发表自己的观点，从政治、经济、文化、国际影响等多个角度进行分析，每个学生都有足够的机会参与讨论并贡献自己的想法。

（二）明确讨论任务与规则

在小组讨论前，教师要为学生明确具体的讨论任务和清晰的讨论规则。讨论任务应紧密围绕教学目标和所提供的史料展开，具有一定的针对性和启发性。例如，在教授"工业革命"时，教师展示了关于工业革命时期工厂生产、工人生活状况等方面的史料后，布置的讨论任务可以是"结合史料，分析工业革命对社会结构和人们生活产生了哪些影响"。这样的任务明确且具体，能够引导学生有目的地分析史料，避免讨论偏离主题。

讨论规则的制定有助于保证讨论的有序进行。教师可以规定每个学生都要积极发言，尊重他人的观点，不得打断他人；发言时间要适当控制，避免个别学生长篇大论，影响其他同学的参与；小组成员要共同合作，完成讨论任务并推选代表进行总结发言等。通过明确这些规则，学生在讨论过程中能够更加自律，提高讨论的效率和质量。

（三）有效引导与监控

在小组讨论过程中，教师并非置身事外，而是要进行有效的引导和监控。教师要密切关注每个小组的讨论情况，及时发现问题并给予指导。当小组讨论出现冷场时，教师可以通过提问、提供一些新的思考角度等方式，激发学生的思维，打破僵局。例如，在讨论"古代丝绸之路的意义"时，如果小组讨论陷入停滞，教师可以提问："从文化交流的角度来看，丝绸之路对中国和沿线国家的文化发展产生了哪些影响呢？"引导学生从新的角度思考问题，推动讨论继续进行。

当小组讨论偏离主题时，教师要及时提醒学生回归正题。同时，教师还要鼓励学生大胆质疑，勇于提出自己的不同观点，培养学生的批判性思维。对于学生在讨论中提出的新颖观点和独特见解，教师要给予肯定和鼓励，增强学生的自信心和学习积极性。

二、角色扮演技巧的创新与拓展

（一）角色选择与情境创设

角色扮演能够让学生更加身临其境地感受历史，理解历史人物的思想和行为。在选择角色时，教师要根据教学内容和学生的兴趣，挑选具有代表性和教育意义的历史人物。例如，在讲解"戊戌变法"时，教师可以选择康有为、梁启超、光绪皇帝、慈禧太后等主要人物，让学生通过扮演这些角色，深入了解戊戌变法的背景、过程和失败原因。

情境创设是角色扮演的关键环节，它能够增强角色扮演的真实性和趣味性。教师可以通过多媒体展示、道具布置等方式，为学生营造出特定的历史情境。在进行"鸿门宴"的角色扮演时，教师可以在教室中布置简单的场景，摆放桌椅模拟宴会现场，学生们穿着古装，手持道具，营造出紧张的宴会氛围。同时，教师可以播放一些古典音乐，增加情境的代入感，让学生更好地融入角色，感受历史的氛围。

（二）角色体验与反思

在角色扮演过程中，教师要引导学生深入体验角色的内心世界，理解角色的行为动机和面临的困境。学生在扮演历史人物时，不仅要模仿其语言和动作，更要思考角色在特定历史情境下的所思所想。例如，学生在扮演五四运动中的青年学生时，要思考当时的社会背景、青年学生的爱国情怀以及他们为了争取国家独立和民族解放所做出的努力，从而更好地理解五四运动的精神内涵。

角色扮演结束后，教师要组织学生进行反思和讨论，让学生分享自己在角色扮演中的感受和体会，分析历史人物的行为对历史发展的影响。通过反思和讨论，学生能够更加深入地理解历史事件和人物，同时也能够培养自己的历史思维能力和表达能力。例如，在"美国独立战争"的角色扮演后，学生可以讨论华盛顿等领导人在战争中的决策和领导作用，以及这些决策对美国独立和国家发展的深远影响。

三、线上线下教学技巧的融合与深化

（一）线上资源的整合与利用

随着信息技术的飞速发展，线上资源为历史教学提供了丰富的素材和多样的教学方式。教师可以利用在线历史数据库、学术网站、历史纪录片网站等，获取大量的史料资源，如历史文献、图片、视频等。这些资源可以作为线下教学的补充，丰富教学内容，拓宽学生的视野。

例如，在教授"第二次世界大战"时，教师可以从线上资源中收集二战时期的珍贵历史影像资料，如战争纪录片、各国领导人的演讲视频等，在课堂上与学生分享。同时，教师还可以利用在线历史数据库，获取关于二战时期各国的军事战略、战争伤亡数据等详细史料，让学生更加全面地了解"二战"的历史背景和战争过程。

教师还可以利用在线教学平台，如慕课平台、学习管理系统等，为学生提供丰富的学习资源和学习活动。教师可以在平台上发布与教学内容相关的史料阅读材料、在线测试题、讨论话题等，让学生在课后进行自主学习和交流。

（二）线上线下教学活动的衔接与互动

线上线下结合教学需要教师精心设计教学活动，实现线上线下的有效衔接和互动。在课前，教师可以通过在线教学平台发布预习任务，让学生提前阅读相关史料，了解教学内容的背景知识，并在平台上进行简单的讨论和交流。例如，在教授"文艺复兴"时，教师可以在课前发布一些关于中世纪欧洲社会状况和文艺复兴时期代表作品的史料，让学生在课前进行自主阅读和思考，并在平台上讨论中世纪与文艺复兴时期在思想文化方面的差异。

在课堂上，教师可以针对学生在课前预习和线上讨论中提出的问题和观点进行深入讲解和讨论，引导学生进一步分析史料，深化对历史知识的理解。同时，教师还可以利用多媒体设备展示线上收集的史料，组织学生进行小组讨论、角色扮演等互动式教学活动。

课后，教师可以通过在线教学平台布置作业和拓展学习任务，让学生利用线上资源进行进一步的研究和学习。例如，教师可以让学生在课后通过线上图书馆查阅更多关于文艺复兴时期的学术著作，撰写一篇关于文艺复兴对欧洲文化发展影响的小论文，并在平台上进行提交和互评。

四、提问与反馈技巧的提升与完善

（一）有效提问策略

提问是互动式史料教学中常用的技巧之一，有效的提问能够激发学生的思考，引导学生深入探究史料。教师在提问时，要注意问题的质量和层次。问题应具有启发性，能够引导学生从不同角度分析史料，挖掘历史事件的本质和内涵。例如，在展示关于"中国古代科举制度"的史料后，教师可以提问："科举制度在不同历史时期的发展变化反映了当时社会政治、经济和文化的哪些需求？"这样的问题能够引导学生将科举制度与当时的社会背景联系起来，进行深入的思考和分析。

同时，问题要具有层次性，从简单的事实性问题逐步过渡到复杂的分析性和评价性问题。教师先提问一些关于史料中基本事实的问题，如"科举制度始于哪个朝代？""科举考试的主要科目有哪些？"等，帮助学生熟悉史料内容；然后再提出一些分析性问题，如"科举制度对中国古代社会的人才选拔和社会流动产生了怎样的影响？"；最后提出评价性问题，如"从历史发展的角度来看，科举制度的利弊分别是什么？"。教师通过这样层层递进的问题，引导学生的思维不断深化。

（二）及时反馈与评价

及时反馈与评价是互动式史料教学的重要环节，它能够让学生了解自己的学习情况，发现问题并及时改进。教师在学生回答问题、参与讨论或完成作业后，要及时给予反馈和评价。反馈要具体、有针对性，指出学生回答中的优点和不足之处，并提出改进的建议。例如，学生在回答关于"工业革命对社会生活的影响"的问题时，教师可以这样反馈："你从工厂制度对工人生活时间和工作强度的影响方面进行了分析，观点很明确，而且能够结合史料中的具体数据进行说明，这一点做得很好。但是，你忽略了工业革命对城市生活环境和家庭结构的影响，在这方面还可以进一步思考和补充。"

　　评价方式要多样化，除了教师评价外，教师还可以引导学生进行自我评价和互评。自我评价能够让学生反思自己的学习过程和学习方法，提高自我管理和自我调整的能力。互评则可以让学生从他人的角度看待问题，学习他人的优点，发现自己的不足。例如，在学生完成关于"新航路开辟的影响"的小组讨论后，教师可以让每个小组进行自我评价，总结讨论过程中的优点和不足，然后组织小组进行互评，互相学习和借鉴。

第十章　史料教学的发展方向

第一节　当前史料教学的困境与改进方向

一、当前史料教学的困境

（一）学生史料基础有限

在高中历史教学领域，学生对史料的掌握和运用能力普遍不足，这已成为一个不容忽视的问题。学生在接触历史知识时，缺乏对原始史料的直接阅读和理解，导致他们难以对史料进行深入的辨析和有效的运用。这种状况限制了学生史料实证核心素养的发展，使他们在历史学习中往往只停留在史料的表面，而无法深入挖掘历史事件的深层次含义。

由于高中阶段的学生刚开始系统地接触历史学科，他们的历史知识基础和史料概念尚未完全建立，这使得他们在面对复杂的历史问题时，难以灵活运用史料来支撑自己的观点。在引用史料时，学生往往只能简单地引用一两条作为结论的依据，而缺乏对史料背后深层次信息的挖掘和分析。这种局限性不仅影响了学生对历史的深入理解，也限制了他们在历史学科中独立思考能力的发展。

（二）教材中史料实证空间有限

在高中历史教学中，教材的编写往往侧重于历史事件的线性叙述，强调历史发展的宏观脉络，而忽视了对单个事件深层次背景和结果的深入探讨。这种编写方式导致教材内容在很大程度上缺乏对历史事件细节的描述和分析，使得学生难以从教材中获得对历史事件全面而深入的理解。

由于教材缺乏对历史事件前后联系的详细阐释，学生在学习过程中往往只能接触到历史事件的表面信息，而无法了解到事件的全貌。这种状况限制了学生对历史事件复杂性和多维性的认识，也影响了他们对历史发展内在逻辑的理解。教材对史料实证的运用空间有限，使学生在学习和分析历史问题时，缺乏足够的原始材料作为支持，难以形成基于证据的历史解释。

（三）教师史料教学意识薄弱

在高中历史教学中，一些教师仍然倾向于采用传统的教学模式，这种模式往往以教师为中心，强调对历史知识的灌输而非学生的主动探究。这些教师对史料教学的价值认识不足，担心引入史料会分散学生的注意力或干扰课堂的流畅进行，因此，在实际教学中，史料教学往往被边缘化，未能得到充分的重视和应用。

这种教学观念的局限性在于，它忽视了史料教学在培养学生历史思维能力中的关键作用。史料教学不仅能够帮助学生更直观地感受历史，还能够激发他们的好奇心和探究欲，促使他们主动去寻找、分析和解释历史事件。然而，由于部分教师对史料教学的重要性认识不足，在课堂上往往未能有效地利用史料，或者在教学设计中未能充分考虑史料的融入，导致学生错失了通过史料深入理解历史的机会。

（四）史料选取不当

在高中历史教学中，选择合适的史料是一项极具挑战性的任务。面对海量的史料资源，教师需要从实物史料、口述史料以及文献史料中筛选出与课程内容相匹配的材料。由于文献史料通常年代久远，教师往往需要通过阅读古典文献来获取这些资料。然而，在这个过程中，教师可能会遇到难以辨别史料真伪的问题，这不仅影响了史料教学的有效性，有时甚至可能导致教学效果与预期相反。

由于史料的复杂性和多样性，教师在选取史料时往往难以准确把握其与课堂教学内容的契合度。如果教师在选取史料时缺乏精准的判断力，可能会导致学生对历史事件的理解出现偏差，或者无法有效地利用史料来支持历史分析。

（五）学生史料阅读能力不足

在高中历史课堂上，学生在解读教师提供的史料时常常遇到困难，尤其是面对古代文献和文言文史料时，他们往往感到无从下手。这种情况并不罕见，因为当前高中生的古文献阅读能力普遍不足，这限制了他们对历史材料的深入理解和分析。

由于古文献的语言和表达方式与现代汉语存在较大差异，学生在阅读时往往难以把握其含义，更难以从中提取有价值的历史信息。这种阅读障碍不仅影响了学生对历史知识的掌握，也阻碍了他们历史思维和分析能力的培养。学生在史料阅读上的不足，使得他们在面对复杂的历史问题时，难以形成基于证据的独立见解。

二、改进方向

（一）精选史料，发挥史料的教学价值

为了提升史料教学的效果，历史教师需要在众多的史料中精选出那些既真实又具有教学价值的材料。这要求教师具备一定的历史研究能力，能够辨别史料的真伪，并从中挑选出最能支持教学目标的内容。精选史料不仅能够确保教学内容的准确性，还能够增强学生的学习兴趣和参与度。

教师在选取史料时，应考虑到学生的认知水平和学习需求，选择那些能够激发学生思考和讨论的材料。这样的史料应当与课程内容紧密相关，能够帮助学生深入理解历史事件的背景、过程和影响。通过这种方式，教师可以引导学生从多个角度分析历史问题，培养他们的辩证思维能力。

教师还应利用精选的史料来提升学生的历史理解能力。通过分析和讨论史料，学生可以学会如何从原始材料中提取信息，如何评估不同史料的可信度和价值，以及如何将这些信息整合到自己的历史理解中。

（二）提升教师史料教学意识

提升教师史料教学意识，关键在于教师教学理念的更新和教研能力的提升。教师应将传统的教学模式转变为更加注重学生主动探究和学习的方式，强调学生在学习过程中的主体性。同时，教师需要通过参与课题研究，深入理解新历史课程标准的要求，特别是关于培养学生核心素养的目标，这涉及唯物史观、时空观念、史料实证、历史解释和家国情怀。

为了提高教研能力，教师应积极阅读现代教学理论，了解教学领域的最新动态和理论成果，并将这些理论应用到自己的教学实践中。通过这种方式，教师可以探索解决教学问题的有效方法，并将研究成果反馈到教学中，以提升教学效果和质量。

教师应在教学过程中进行持续的实践和反思。这意味着教师需要对自己的教学实践进行评估，找出存在的问题，并寻求改进的方法。通过不断的自我提升，教师能够改进教学方式和方法，使教学更加符合学生的需求和时代的发展。

教学写作也是提升教研能力的一个重要途径。教师可以通过撰写课后反思、记录成功经验和改进思路，将碎片化的教学实践系统化，促进理论与实践的双提升。同时，教师可以运用调查研究方法，广泛收集同事、同行、学生等的第一手资料，为研究课题提供丰富的材料。

（三）培养学生史料阅读能力

为了解决学生在史料阅读方面的不足，尤其是古文献阅读能力的提升，教

师可以采取一系列措施来专门训练学生的相关技能。

教师可以通过设置特定的课程，让学生系统地学习史料阅读的方法和技巧。这些课程可以包括对古文献的语言特点、历史背景和文化内涵的介绍，帮助学生建立起对史料的基本认识。同时，教师可以引导学生学习如何解读文言文，理解其中的修辞和表达方式，以及如何从中提取关键信息。

教师可以设计一系列有针对性的阅读练习，让学生在实践中逐步提高阅读能力。这些练习可以包括对不同类型史料的阅读和分析，如官方文书、私人信件、日记、回忆录等，进而培养学生对各种史料的敏感度和辨析能力。

教师要鼓励学生参与历史研究项目或竞赛，以激发他们的学习兴趣和动力。在这些活动中，学生需要独立或合作地进行史料的搜集、分析和解释，这不仅能够提高他们的史料阅读能力，还能够培养他们的研究能力和团队合作精神。

第二节 史料教学改革的趋势展望

在当前教育改革的大背景下，史料教学作为历史教学的重要组成部分，正经历着深刻的变革。

一、史料教学的重要性日益凸显

随着新课程标准的推行，史料教学已经成为培养学生"史料实证"素养的核心部分。这种教学方法的核心在于让学生通过直接接触和分析历史文献、档案和其他原始资料，来形成对历史事件和人物的深刻理解。

史料教学帮助学生学会如何从原始资料中提取信息，如何评估这些信息的可靠性和相关性，以及如何利用这些信息构建历史叙述。这种方法不仅增强了学生对历史的认识，而且提高了他们的思维和分析能力。通过实证研究，学生学会质疑、验证，从而形成独立的历史见解。

史料教学还有助于培养学生的历史意识和文化认同。通过研究不同历史时期的文献，学生能够更好地理解历史发展的脉络，以及不同文化和社会背景下人们的行为和思想。这种深入的历史理解有助于学生建立起对自身文化和身份的认同，同时也培养了他们的全球视野。

二、教育公平与质量的提升

史料教学改革与教育公平和质量提升的关系密切,这一点在多个层面得到了体现和强调。

(一)教育公平的推进

史料教学改革是实现教育公平的关键途径。通过优化教育资源配置和建立教育质量标准体系,史料教学能够为不同层次和类型的教育提供更丰富的教学资源和更高质量的教学内容。这种改革有助于缩小城乡、区域、校际、群体之间的教育差距,确保每个孩子都能享受到公平而有质量的教育。

政府工作报告中明确提出,要促进教育公平与质量提升,这表明教育改革和发展的成效关乎千家万户的切身利益。教育是每一个家庭都十分关注的大事,建设教育强国是实现教育公平的重要一步。为此,国家层面出台了多项政策和措施,如《关于构建优质均衡的基本公共教育服务体系的意见》,旨在推进学校建设标准化,加快缩小区域教育差距,加大对中西部困难地区的支持力度,确保不同群体适龄儿童平等接受义务教育。

教育公平还体现在对弱势群体的特别关注上。政策强调要完善灵活就业人员和新就业形态劳动者居住证申领政策,健全以居住证为主要依据的农业转移人口随迁子女入学保障政策,确保随迁子女能够平等接受教育。同时,要加强对孤儿、事实无人抚养儿童、农村留守儿童、困境儿童的教育保障和关爱保护,优先保障他们的基本学习、生活需求。

教师专业发展与教育公平紧密相关,提升教师专业发展水平是促进教育公平实现的关键。教师不仅要从宏观意义上了解教育公平,更应该从微观意义上研究教育公平,担当起教师该负的责任。在教育活动中公平地对待每一个学生,在他们的心中播下公平的种子,是教师义不容辞的责任。

(二)教育质量的提升

在提升教育质量方面,史料教学不仅能够激发学生的学习兴趣,还能提高他们的人文素养。教师通过将原始的历史资料融入教学,使得学生能够更直观地感受历史,这种互动性和真实性是传统教学方法难以比拟的。

在具体的教学实践中,史料教学可以通过多种方式来优化。例如,教师可以在新课程中引入史料,使学生在接触新知识之前就对历史背景有一个直观的理解。这种方法能够提高学生的学习动力,因为他们能够看到学习内容与现实世界的联系。通过还原历史情境,学生可以更深入地理解历史事件的复杂性和多维性。教师通过构建知识体系,帮助学生将零散的历史知识整合起来,形成系统的历史观。

这些优化策略不仅增强了课堂的针对性，也提高了教学的有效性。在史料的引导下，学生能够更加主动地参与到学习过程中，这种参与感是提升学习质量的关键。

（三）教育资源的均衡分配

教育资源均衡分配是实现教育公平的基础，而政府工作报告中提出的依据常住人口规模配置教育资源，确保适龄儿童就近入学，正是为了推动义务教育的优质均衡发展和城乡一体化。在这一政策指导下，史料教学的改革与实施显得尤为重要，它能够为教育资源的均衡分配提供有力支持。

通过引入多样化的教学内容和方法，史料教学使不同地区的学校都能获得丰富的教学资源。这种教学方式不仅能够提升教学质量，还能够缩小不同地区之间的教育差距。例如，城市学校和乡村学校可以通过网络共享史料资源，使得乡村学校的学生也能够接触到丰富的历史资料，从而提高他们的学习兴趣和提升学习效果。

史料教学的实施还能够促进教师专业发展，提高教师的教学能力。教师可以通过培训和研讨，学习如何有效地利用史料进行教学，这不仅有助于提升教师的教学技巧，也有助于提升学生的学习体验。教师的专业成长，反过来又能够为学生提供更高质量的教育。

在实践中，史料教学的均衡分配还需要政策的支持和资金的投入。政府可以通过设立专项资金，支持学校购买史料资源、培训教师，以及建设数字化教学平台，确保每所学校都能够平等地享受到优质的教学资源。

（四）教育改革的深化

深化教育改革是实现更高层次教育公平的关键任务，它旨在通过改革提升教育质量，同时确保每个孩子都能获得平等的教育机会。这一改革过程涉及育人方式、办学模式、管理体制和保障机制的全方位变革。

在育人方式上，改革强调立德树人的根本任务，发展素质教育，促进学生德智体美劳全面发展。通过深化课程教学改革，更新教育理念，转变育人方式，坚决扭转片面应试教育倾向，切实提高育人水平。

在办学模式上，改革则着重于整合校内外科学教育资源，培养学生崇尚科学、热爱科学的精神和探究思考、动手实践的能力。同时，持续推动"双减"政策落实，减轻义务教育阶段学生的升学考试压力。

在管理体制上，改革则涉及优化区域教育资源配置，建立同人口变化相协调的基本公共教育服务供给机制。这包括合理规划学校布局，优化教育资源配置，以及推进数字化教育，赋能学习型社会建设。

在保障机制上，改革则强调健全学生资助制度体系，确保应助尽助，以及提高国家财政性教育经费占国内生产总值的比例，保障教育优先发展。

教育改革还注重提升教师和教研员的专业化水平，确保高质量落实课程教学改革要求，深入推进教育数字化，促进信息技术与教育教学深度融合。

（五）政策支持与制度保障

为了促进教育公平和提升教育质量，国家出台了一系列政策和措施，这些政策为史料教学改革提供了坚实的政策支持和制度保障。

1.深化考试招生制度改革

国家高度重视考试招生制度改革，旨在促进公平、科学选才、监督有力的体制机制更加健全。这一改革不仅关注学生的学业成绩，也强调学生的综合素质评价，从而推动教育质量的全面提升。

2.深化教师人事管理制度改革

教师是教育改革的直接执行者，国家通过完善中小学教师准入和招聘制度、深化教师职称和考核评价制度改革等措施，推动建设高素质专业化教师队伍。这些改革有助于提升教师的专业水平，进而提高教学质量。

3.推进义务教育学校标准化建设

国家实施义务教育学校标准化建设工程，完善办学具体标准，建立学校标准化建设台账，推动办学条件达到规定标准。这有助于缩小区域教育差距，实现教育资源的均衡分配。

4.保障群体公平发展

国家全面推进义务教育免试就近入学和公办民办学校同步招生政策，确保不同群体适龄儿童平等接受义务教育。同时，完善对随迁子女、留守儿童等群体的教育保障政策，加快缩小群体教育差距。

5.加强课程教材建设

国家建立义务教育课程方案、课程标准修订和实施监测机制，完善教材管理办法，加强课程教材体系建设。这有助于提升教育内容的质量和适用性，为史料教学提供丰富的教学资源。

6.推进教育数字化

国家大力推进教育数字化转型，建设国家智慧教育平台，为数字时代建设学习型社会打下坚实基础。数字化教育的推进，为史料教学提供了新的途径和手段，使得教学更加灵活和高效。

7.构建优质均衡的基本公共教育服务体系

国家出台《关于构建优质均衡的基本公共教育服务体系的意见》，旨在优化区域教育资源配置，建立同人口变化相协调的基本公共教育服务供给机制。

这些政策和措施共同构成了促进教育公平和提升教育质量的框架，为史料教学改革提供了政策支持和制度保障，确保了教育改革的顺利进行。

三、教育信息化的推进

教育信息化的浪潮为史料教学注入了新的活力，不仅改变了传统的教学模式，还推动了人才培养方式的革新。在智能化校园的建设中，现代技术的运用成为关键，使得规模化教育与个性化培养得以有效结合，为教育领域带来深远影响。

教育信息化通过数字化手段，如大数据和人工智能，为学生提供了量身定制的个性化教育服务。这种服务能够以前所未有的精确度洞察学生的学习状况，从而实现因材施教，这是教育信息化在个性化教学方面的重要进展。

信息技术的应用使得教学方式更加灵活和多样化，学生可以根据自己的学习特点和需求选择学习方式和学习资源。这种灵活性不仅提升了学生的学习体验，也提高了教学效率。

教育信息化通过智能化教学、移动学习、虚拟现实和增强现实技术，为学生创造了更加沉浸式的学习环境。这些技术的应用不仅能够提供直观、生动和有趣的学习体验，还有助于提高学习效果和学习动力。

教育信息化还促进了教育均衡发展，通过扩大优质教育资源的覆盖面，有力促进了教育公平。智慧教育基础设施设备环境的基本建成，使得中小学校园网络接入率达到100%，这为教育信息化的普及和应用提供了坚实的基础。

教育信息化对教师素养提出了新挑战，要求教师不断提升自身的信息素养，以适应智能化校园的需求。教师需要提升使用人工智能等新工具开展教学实践的能力，这对于提升教学质量和效率至关重要。

第三节　全球化视野下的史料教学

在全球化的浪潮中，历史教学面临着前所未有的机遇和挑战。随着信息的快速流通和文化的广泛交流，高中历史教学需要超越传统的国家中心视角，将全球视角融入史料教学中，以培养学生的国际视野和跨文化理解能力。

一、全球化视野的重要性

全球化视野是指在考虑问题时超越国家和地域的界限，从全球的角度来理解和分析问题。在历史教学中，这意味着教师需要引导学生理解不同文明和国家之间的互动，以及这些互动如何塑造了今天的世界。

（一）全球联系的认识

在全球化视野下，历史教学强调历史事件和现象之间的全球联系和相互影响。这种认识促使学生理解，历史上的重大变革和事件并非孤立发生，它们在全球范围内产生连锁反应，相互交织影响。例如，工业革命的爆发不仅改变了欧洲的生产方式，也对全球经济和政治格局产生了深远的影响，它促进了全球贸易的扩张，引发了社会结构和国际关系的变革，甚至对殖民地和非西方国家的发展模式产生了影响。

这种全球联系的认识，要求学生在分析历史事件时，不仅要关注本国或本地区的情况，还要考虑全球背景和国际因素。通过比较不同地区在同一历史时期的发展，学生可以发现不同文明之间的相互影响和借鉴。例如，丝绸之路不仅是商品交易的通道，更是文化交流的桥梁，它促进了东西方文化和科技的交流与融合。

在教学实践中，教师可以通过案例分析，展示某一历史事件如何在全球范围内产生连锁反应，如第一次世界大战对全球政治格局的重塑。同时，教师也可以引导学生探讨不同文化中的历史事件，让学生认识到文化差异的正面价值，如不同文化对艺术、科学和哲学的贡献。

（二）多元文化的尊重

在全球化的背景下，历史教学不仅仅是传授知识，更是培养学生对多元文化的尊重和理解。这种教学方式强调，不同文化和文明之间的交流与互动是历史发展的重要组成部分，也是构建今天多元化世界的基础。学生通过学习历史，能够认识到每一种文化都有其独特的价值和贡献，而这些文化之间的交流与融合，往往能够催生出新的文明成果。

在这一过程中，教师需要引导学生超越单一文化视角，从全球的维度去观察和思考问题。例如，通过分析罗马帝国的扩张与多元文化的融合，学生可以了解到不同文化如何在冲突与合作中发展，以及这种融合如何促进了文明的进步。这样的教学不仅能够帮助学生认识到文化多样性的重要性，还能够培养他们对不同文化的包容心态和尊重精神。

教师还可以通过比较不同文化中的历史事件，让学生发现文化差异的正面价值。通过这样的比较和分析，学生能够更深刻地理解文化多样性的价值，学会在尊重差异的基础上进行跨文化交流。

二、史料教学的方法

在全球化视野下的历史教学中，史料教学的方法不仅能够帮助学生更深入地理解历史，还能够培养他们的全球意识和跨文化理解能力。

（一）跨文化比较

在史料教学中，跨文化比较促使学生对不同国家和文化的历史事件进行深入的对比分析。这种方法能够让学生洞察到历史发展的多样性，并且理解在不同文化背景下，相似历史时期可能会展现出截然不同的发展轨迹和特点。例如，在探讨中世纪时期时，比较中国和欧洲的社会结构，学生能够发现，尽管两者在时间线上有所重叠，但由于文化和地理环境的显著差异，各自的发展路径和特征存在明显区别。这种比较不仅能够增强学生对历史复杂性的理解，而且有助于培养他们对不同文化的敏感性和尊重。

在教学过程中，教师可以引导学生探讨不同文化中相似历史事件的不同处理方式和结果，从而揭示文化差异如何影响历史进程。这种比较分析能够让学生认识到，历史并非单一线性的发展，而是一个多维度、多文化交织的复杂网络。通过这种方式，学生能够学会从全球视角审视历史，理解不同文化之间的相互影响和融合，从而培养出更为全面的世界观和跨文化理解能力。

（二）全球历史事件的关联分析

全球历史事件的关联分析是一种关键的教学策略，它鼓励学生深入探究特定历史事件对全球经济和政治格局的深远影响。这种方法超越了单一国家或地区的界限，将历史事件放置在更广阔的全球背景中进行考察。例如，在探讨工业革命时，教师可以引导学生分析这一变革如何在全球范围内引发了生产方式的转变、贸易模式的重构以及国际力量对比的重新分配。

通过这种教学方法，学生能够认识到工业革命不仅深刻影响了欧洲，而且对全球范围内的社会结构和经济体系产生了连锁反应。它促进了工业化国家的经济增长，同时也加剧了全球不平等，引发了新的国际竞争和冲突。学生将意识到工业革命如何推动了技术革新，改变了劳动力市场，以及如何影响了全球贸易网络和殖民扩张。

全球历史事件的关联分析还能够帮助学生理解历史事件的复杂性和多维性。学生将学会从不同的角度审视历史，识别全球性事件如何与地方性事件相互交织，以及这些事件如何塑造了今天的国际关系和全球秩序。这种方法不仅增强了学生的历史理解，而且培养了他们分析和解决全球问题的能力。

（三）多角度史料的运用

在全球化视野下，多角度史料的运用是历史教学的一部分。这种方法强调从不同国家和文化的角度收集和分析史料，以全面理解同一历史事件。它要求学生不仅仅局限于单一视角，而是通过多元史料来揭示事件的复杂性和多维性。例如，在探讨第二次世界大战时，教师可以引入盟军和轴心国双方的史料，让学生从不同国家的立场出发，分析战争的起因、经过和结果。这种教学方式丰富了学生对历史事件的认识，使他们能够识别和评估不同史料的价值和局限性。

通过多角度史料的运用，学生能够学习到历史事件并非只有一种解释，而是可以从多种视角进行解读。这种方法有助于打破单一叙事的局限，促进学生形成更为全面和客观的历史观。学生将学会如何在不同史料之间建立联系，如何比较和对照不同的观点，以及如何在多元信息中做出自己的判断。

多角度史料的运用还能够帮助学生培养跨文化理解能力。在分析不同文化背景下的史料时，学生能够更深入地理解不同国家和民族的历史经历和情感。这种理解对于构建一个更加和谐、包容的国际社会至关重要。

参考文献

[1]秦芷萱. 运用教材辅助系统 培养史料实证素养[J]. 中小学班主任，2024(22)：32-34.

[2]于乐. 史料在高中历史教育中的应用研究[J]. 知识文库，2024，40(22)：43-46.

[3]柯昂. 高中历史图像史料选取与运用[J]. 中学历史教学参考，2024(31)：71-72.

[4]彭田田. 高中历史教学中学生史料实证素养的培育路径[J]. 新教育，2024(29)：19-21.

[5]刘领兰. 高中历史教学中史料与材料的运用浅析[J]. 河北教育(综合版)，2024，62(9)：49-51.

[6]张长城. 创设情境，激活高中历史课堂[J]. 学周刊，2024(24)：134-136.

[7]骆长明. 试论如何精选史料让历史课堂更有生命力[J]. 中学政史地(教学指导)，2024(7)：29-30.

[8]张飞虎. 高中历史教学对史料的运用[J]. 新班主任，2024(18)：62-63.

[9]沈丽玲. 信息技术与高中历史教学有效融合的技巧[J]. 第二课堂(D)，2024(5)：52-53.

[10]贺玉文. 高中历史教学中培养学生史料辨析能力的策略分析[J]. 高考，2024(9)：43-45.

[11]李小燕. 历史思维与批判性思考在高中历史教学中的培养[C]// 中国陶行知研究会. 2023年中国陶行知研究会生活教育学术座谈会论文集. 北京：2023年中国陶行知研究会生活教育学术座谈会，2024：4.

[12]朱学文. 高中历史教学史料选取与研习[J]. 中学历史教学参考，2023(24)：67-69.

[13]金明蕊. 高中历史课堂教学史料选用探究[D]. 开封：河南大学，2023.

[14]海亚波. 高中历史史料教学实施探究式学习研究[J]. 高考，2022(33)：87-89.

[15]董宁宁. 高中历史探究式学习模式的运用[J]. 中学政史地(高中文综)，2022(10)：57-59.

[16]何粉珍. 学生史料解析能力的培养路径[J]. 甘肃教育，2022(4)：104-107.

[17]张晓校，杨梦宇. 数字化史料的构成及其价值意义[J]. 北方论丛，2021(5)：31-42.

[18]张莹. 谈如何培养高中学生史料解析的能力[J]. 吉林省教育学院学报，2020，36(10)：115-118.

[19]杨贵贤. 探究式学习在高中历史教学中的应用[J]. 甘肃教育，2019(18)：85.

[20]司贵云. 分析高中历史教学中如何应用史料培养学生历史解释能力[J]. 高考，2019(29)：92.

[21]冯南南. 高中历史史料教学策略研究[D]. 济南：山东师范大学，2019.

[22]刘峰. 浅谈信息化条件下的高中史料教学形式[J]. 新课程(下)，2016(6)：78.